プリント形式のリアル過去問で本番の臨場感！

福岡県

福岡雙葉中学校

2025年春受験用

解答集

本書は，実物をなるべくそのままに，プリント形式で年度ごとに収録しています。
問題用紙を教科別に分けて使うことができるので，本番さながらの演習ができます。

■ 収録内容

・解答集(この冊子です)

書籍ＩＤ番号，この問題集の使い方，最新年度実物データ，リアル過去問の活用，
解答例と解説，ご使用にあたってのお願い・ご注意，お問い合わせ

・2024(令和６)年度 ～ 2021(令和３)年度　学力検査問題

JN132413

〇は収録あり	年度	'24	'23	'22	'21		
■ 問題※		〇	〇	〇	〇		
■ 解答用紙		〇	〇	〇	〇		
■ 配点							

全教科に解説
があります

※英語は非公表
注)国語問題文等非掲載:2021年度の【一】

問題文の非掲載につきまして

著作権上の都合により，本書に収録している過去入試問題の本文の一部を掲載しておりません。ご不便をおかけし，誠に申し訳ございません。

本文の一部を掲載できなかったことによる国語の演習不足を補うため，論説文および小説文の演習問題のダウンロード付録があります。弊社ウェブサイトから書籍ＩＤ番号を入力してご利用ください。

なお，問題の量，形式，難易度などの傾向が，実際の入試問題と一致しない場合があります。

教英出版

■ 書籍ＩＤ番号

入試に役立つダウンロード付録や学校情報などを随時更新して掲載しています。
教英出版ウェブサイトの「ご購入者様のページ」画面で，書籍ＩＤ番号を入力してご利用ください。

書籍ＩＤ番号 106440

（有効期限：2025年9月30日まで）

【入試に役立つダウンロード付録】
「要点のまとめ(国語／算数)」
「課題作文演習」ほか

■ この問題集の使い方

年度ごとにプリント形式で収録しています。針を外して教科ごとに分けて使用します。①片側，②中央のどちらかでとじてありますので，下図を参考に，問題用紙と解答用紙に分けて準備をしましょう（解答用紙がない場合もあります）。

針を外すときは，けがをしないように十分注意してください。また，針を外すと紛失しやすくなりますので気をつけましょう。

① 片側でとじてあるもの　　② 中央でとじてあるもの

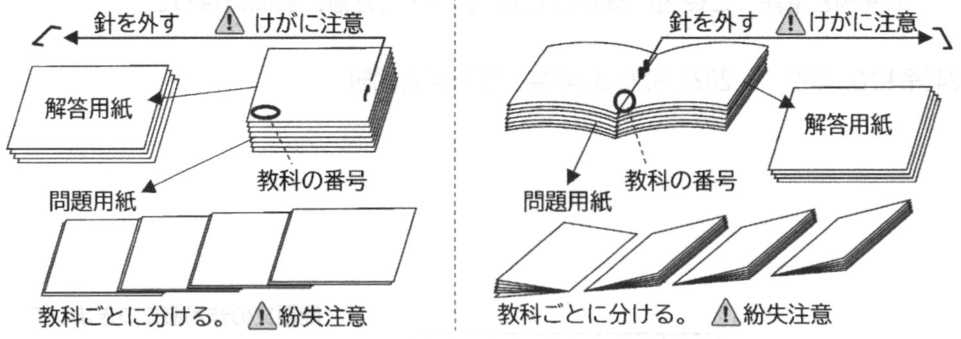

※教科数が上図と異なる場合があります。
解答用紙がない場合や，問題と一体になっている場合があります。
教科の番号は，教科ごとに分けるときの参考にしてください。

■ 最新年度 実物データ

実物をなるべくそのままに編集していますが，収録の都合上，実際の試験問題とは異なる場合があります。実物のサイズ，様式は右表で確認してください。

問題用紙	Ｂ４片面プリント 国：Ｂ５冊子(二つ折り)
解答用紙	Ｂ４片面プリント

リアル過去問の活用

～リアル過去問なら入試本番で力を発揮することができる～

本番を体験しよう！

問題用紙の形式（縦向き / 横向き），問題の配置や余白など，実物に近い紙面構成なので本番の臨場感が味わえます。まずはパラパラとめくって眺めてみてください。「これが志望校の入試問題なんだ！」と思えば入試に向けて気持ちが高まることでしょう。

入試を知ろう！

同じ教科の過去数年分の問題紙面を並べて，見比べてみましょう。

① 問題の量

毎年同じ大問数か，年によって違うのか，また全体の問題量はどのくらいか知っておきましょう。どのくらいのスピードで解けば時間内に終わるのか，大問ひとつにかけられる時間を計算してみましょう。

② 出題分野

よく出題されている分野とそうでない分野を見つけましょう。同じような問題が過去にも出題されていることに気がつくはずです。

③ 出題順序

得意な分野が毎年同じ大問番号で出題されていると分かれば，本番で取りこぼさないように先回りして解答することができるでしょう。

④ 解答方法

記述式か選択式か（マークシートか），見ておきましょう。記述式なら，単位まで書く必要があるかどうか，文字数はどのくらいかなど，細かいところまでチェックしておきましょう。計算過程を書く必要があるかどうかも重要です。

⑤ 問題の難易度

必ず正解したい基本問題，条件や指示の読み間違いといったケアレスミスに気をつけたい問題，後回しにしたほうがいい問題などをチェックしておきましょう。

問題を解こう！

志望校の入試傾向をつかんだら，問題を何度も解いていきましょう。ほかにも問題文の独特な言いまわしや，その学校独自の答え方を発見できることもあるでしょう。オリンピックや環境問題など，話題になった出来事を毎年出題する学校だと分かれば，日頃のニュースの見かたも変わってきます。

こうして志望校の入試傾向を知り対策を立てることこそが，過去問を解く最大の理由なのです。

実力を知ろう！

過去問を解くにあたって，得点はそれほど重要ではありません。大切なのは，志望校の過去問演習を通して，苦手な教科，苦手な分野を知ることです。苦手な教科，分野が分かったら，教科書や参考書に戻って重点的に学習する時間をつくりましょう。今の自分の実力を知れば，入試本番までの勉強の道すじが見えてきます。

試験に慣れよう！

入試では時間配分も重要です。本番で時間が足りなくなってあわてないように，リアル過去問で実戦演習をして，時間配分や出題パターンに慣れておきましょう。教科ごとに気持ちを切り替える練習もしておきましょう。

心を整えよう！

入試は誰でも緊張するものです。入試前日になったら，演習をやり尽くしたリアル過去問の表紙を眺めてみましょう。問題の内容を見る必要はもうありません。どんな形式だったかな？受験番号や氏名はどこに書くのかな？…ほんの少し見ておくだけでも，志望校の入試に向けて心の準備が整うことでしょう。

そして入試本番では，見慣れた問題紙面が緊張した心を落ち着かせてくれるはずです。

※まれに入試形式を変更する学校もありますが，条件はほかの受験生も同じです。心を整えてあせらずに問題に取りかかりましょう。

2024 解答例 令和6年度　福岡雙葉中学校

《国　語》

【一】一．A．オ　B．イ　　二．４　　三．X．慣性の法則　Y．地球と同じ速さで移動し続けている

四．Ⅰ．ア　Ⅱ．ウ　　五．⑴エ　⑵北半球や南半球では地表が自転に合わせて回転するため、振り子の振動面が回転するように見えるが、赤道では地表が回転しないので、振り子の振動面も回転するようには見えない。

【二】一．A．エ　B．ウ　　二．イ　　三．わたしが見たことのない母親の表情があった　　四．ア　　五．今仕事中だから、気を散らさせてはいけないということ。　　六．Ⅰ．家で自分に対して話す様子。　Ⅱ．自分の知らない相手と話す様子。　　七．ウ　　八．A．親と一緒に過ごす時間が増えて、話ができてうれしいということ

B．友だちと会えず、一緒に遊んだり勉強したりできないことが寂しいこと

【三】一．①短所　②発達　③権利　④温暖　　二．①気　②水　　三．①ア　②ウ　　四．①いたし　②○

【四】①領域　②余波　③省略　④誤差　⑤倉庫　⑥恩師　⑦注　⑧沿　⑨けはい

⑩ちあん

《算　数》

1　⑴28　⑵１　⑶50　⑷1300　⑸28

2　⑴３：４　⑵９　⑶７　⑷15000　⑸８時５分　⑹20　⑺45　⑻36

3　⑴40　⑵①８段　余り…12　②35

4　⑴(ア)165.76　(イ)152　⑵260　⑶37.68

5　⑴４　⑵16　⑶25　⑷22分45秒後

《理　科》

問１．点B　　問２．イ　　問３．ア　　問４．６　　問５．ウ　　問６．梅の中と外の濃度が違うため。

問７．イ　　問８．A．あたま　B．むね　C．はら（AとCは順不同）　問９．右図

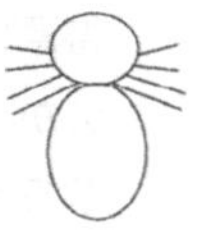

問10．ア，ウ，オ　　問11．写真の記号…カ　理由…岩石の大きさが異なるため。　　問12．運ぱん

問13．ア，オ　　問14．もう暑日　　問15．積乱雲　　問16．2380

問17．まわりで雨が降っていて，気温も下がるため。　　問18．オ，カ　　問19．ハザードマップ　　問20．酸素

《社　会》

1　問１．⑴京浜　⑵北海道　⑶135　　問２．ウ　　問３．工場名…八幡製鉄所　理由…石炭が入手しやすい場所だったから。　　問４．エ　　問５．イ　　問６．１年を通して雨が少ない　　問７．促成栽培　　問８．ウ

2　問１．⑴邪馬台国　⑵福沢諭吉　⑶渋沢栄一　　問２．エ　　問３．エ　　問４．武家諸法度　　問５．エ

問６．名称…十七条の憲法　記号…エ　　問７．イ

3　問１．⑴広島　⑵サミット　　問２．イ　　問３．エ　　問４．イ　　問５．二酸化炭素やメタンなどの温室効果ガスの排出

《2024 国語 解説》

【一】

二 ぬけている一文では、空気抵抗(ていこう)や摩擦(まさつ)に関することを述べている。段落番号4の最後の一文でも、「摩擦や空気抵抗」ということばが出てくるので、ぬけている一文はここに入る。

三X 段落番号2と3で、「この反論」に対する答えを説明している。段落番号2では、「慣性の法則」について説明し、段落番号3で、「これは地球上でジャンプする時も同じです」と述べている。 Y 地球上でジャンプした場合、慣性の法則により、ジャンプしている間も「私たちは地球と同じ速度で回ってい」るため、「ちゃんとジャンプした地点に着地できる」のである。

四Ⅰ ふきだしが指す矢印は、電車と同じ方向にのびている。電車は横方向に動いているので、アが適する。

Ⅱ ふきだしが指す矢印は、ななめにのびているので、ウが適する。

五(1) 図2の左上の図から、地球が北極から見て反時計回りに自転していることと、Ⓐ～Ⓒの地点が北半球に位置していることが読み取れる。そして、「Ⓐでの見え方」「Ⓑでの見え方」「Ⓒでの見え方」を順に見ていくことで、振り子の振動面が地球の自転とは逆方向(＝時計回り)に動いているように見えることがわかる。よって、エが適する。 (2) ――線部③で、北半球や南半球では、振り子の振動面が回転していくことが説明されている。また、図2から、振り子の振動面の回転は、地球の自転にともなって地表とそこにいる観測者が回転することで起こる(振り子の振動面が回転しているように見える)ことが読み取れる。赤道では、この地面の回転が起こらないため、振り子の振動面の回転も起こらない。

【二】

一A その足でとは、そのまますぐに別の所へ行くこと。 B 聞き耳を立てるとは、集中してよく聞こうとすること。

二 直前の2文にあるように、「わたし」は、母親の声におどろいて、ドアを開ける前に立ち止まってしまった。母親がテレワーク中であり、仕事でだれかと話していることはわかっているはずなので、「そっとドアを開け」たのは、いつも通りにドアを開けてよいかどうか戸惑(とまど)ったからだと考えられる。よって、イが適する。

三 ドアをそっと開けた後、「わたし」はずっと母親の顔を眺(なが)めていた。ふだんとは違う仕事中の母親の顔を見たことで、「わたし」はダイニングに入ることができなかったと考えられる。

四 直前に「それに敬語で話している」とある。敬語で話す相手として考えられるのは、上司やお客さんなどである。よって、アが適する。

六 4行前に「今まで知らなかった両親を」とあり、直後に「それが仕事中の姿なのだ」とある。つまり、「わたしが知らない側の世界」とは、両親の仕事中の姿や様子である。一方、「わたしが知っている側の世界」とは、「わたし」とかかわるときの両親の姿や様子である。

【三】

四① 「なさる」は、「する」の尊敬語である。仕事を「する」のは「私」なので、謙譲(けんじょう)語の「いたす」を使って「私がいたします」とすべきである。 ② 「いらっしゃる」は、「来る」の尊敬語である。こちらに「来る」のは「社長」なので、尊敬語を使うべきである。よって、〇。

《2024　算数　解説》

1 (1)　与式$=32-4=$**28**

(2)　与式$=(\frac{2}{3}\times\frac{4}{3}-\frac{5}{6})\times18=(\frac{8}{9}-\frac{5}{6})\times18=\frac{1}{18}\times18=$ **1**

(3)　与式$=81\div1.62=$**50**

(4)　与式$=325\times10.7-325\times6.7=325\times(10.7-6.7)=325\times4=$**1300**

(5)　与式より，$114-(□-4)\times2=22\times3$　　$114-(□-4)\times2=66$　　$(□-4)\times2=114-66$

$(□-4)\times2=48$　　$□-4=48\div2$　　$□-4=24$　　$□=24+4$　　$□=$**28**

2 (1)　**【解き方】比の両方の数字に，同じ数をかけても，比の値は変わらない。**

比の両方に2と3の最小公倍数である6をかけると，$(\frac{1}{2}\times6):(\frac{2}{3}\times6)=$ **3：4**である。

(2)　**【解き方】一の位の数だけを考えればいいので，3を何回かかけあわせていくとき，計算結果の一の位だけに3をかけることをくり返し，一の位の数の変化を調べる。**

一の位の数は，3→3×3＝9→9×3＝27→7×3＝21→1×3＝3→…，と変化するので，3，9，7，1という4つの数がくり返される。50回かけると，50÷4＝12余り2より，7，9，3，1が12回くり返されたあと2番目の数字になるので，一の位の数は**9**になっている。

(3)　**【解き方】電車とバスは，6分と8分の最小公倍数である24分ごとに同時に出発する。**

午前7時から午前10時までは3時間＝180分あるので，180÷24＝7余り12　　午前7時ちょうどはふくめないから，**7**回同時に出発する。

(4)　**【解き方】過不足算を利用する。1人から集める金額を350−300＝50(円)増やすと，全体で必要な金額は1500＋750＝2250(円)増える。**

費用を集める人数は2250÷50＝45(人)となり，クリスマス会の費用は300×45＋1500＝**15000**(円)となる。

(5)　**【解き方】分速は，1分間に進むきょりである。**

家から学校までは2km＝2000mあるので，2000÷80＝25(分)かかる。学校に着くのは，午前7時40分＋25分＝**午前8時5分**である。

(6)　**【解き方】円グラフより，トイレの水の使用量は，この月の生活用水全体の使用量の$\frac{72°}{360°}=\frac{1}{5}$である。**

この月の生活用水全体の使用量は，$4\div\frac{1}{5}=$**20**(㎥)である。

(7)　**【解き方】右のように記号をおく。**

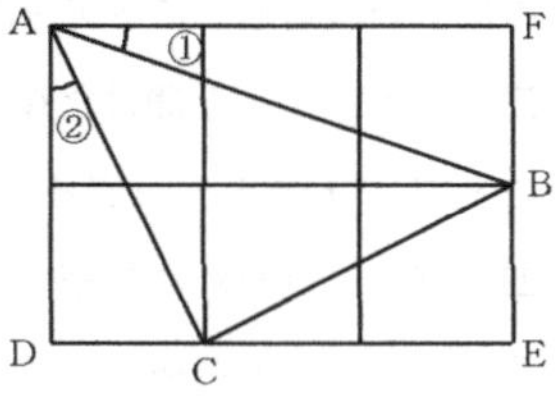

三角形ＡＤＣと三角形ＣＥＢは合同なので，ＡＣ＝ＣＢ

三角形ＡＤＣの内角の和より，角ＣＡＤ＋角ＡＣＤ＝180°－角ＡＤＣ＝90°

角ＣＡＤ＝角ＢＣＥだから，角ＢＣＥ＋角ＡＣＤ＝90°なので，

角ＡＣＢ＝180°－90°＝90°　　したがって，三角形ＡＣＢは直角二等辺三角形である。よって，角ＣＡＤ＝45°だから，①＋②＝90°－45°＝**45°**

(8)　**【解き方】組み立ててできる立体は，右図のような三角柱である。**

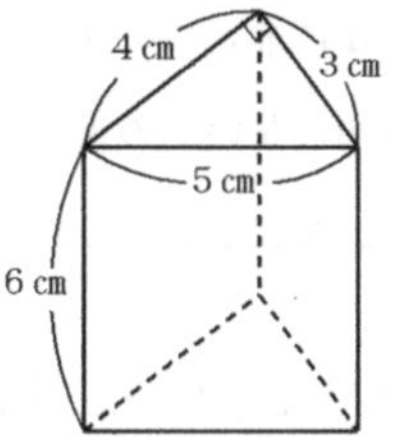

組み立ててできる立体の底面の三角形の面積は，3×4÷2＝6(㎠)，

高さは6cmなので，体積は6×6＝**36**(㎤)である。

3 (1)　**【解き方】図より，それぞれの図形のマッチ棒の数を整理して，規則性をつかむ。**

段の数とマッチ棒の数は右の表の通りである。

段の数	1	2	3	4	5	…
マッチ棒の数	4	10	18	ア	イ	…

段が1→2→3→…と増えると，マッチ棒の数

は４→10→18…と増える。その増え方は，１段が２段になると６本，２段が３段になると８本…と前の段より増える本数が２本ずつ増えながらマッチ棒の数が増えていくことがわかる。よって，ア＝18＋10＝28，イ＝28＋12＝40となるので，５段の図形を並べるのに必要なマッチ棒の本数は，**40**本である。

(2)①　(1)と同様に考えると，８段で40＋14＋16＋18＝88(本)必要であり，９段で88＋20＝108(本)が必要になるので，最大でできる図形の段数は**8**段で，100－88＝**12**(本)のマッチ棒が余る。

②　**【解き方】マッチ棒の交点の数に注目して，規則性をつかむ。マッチ棒の先の個数はマッチ棒の本数であり，マッチ棒の先は交点にある。したがって，マッチ棒の本数から交点の数をひけば，重なっている数が求められる。**

図より，マッチ棒の交点の数を右のように整理する。段が１→２→３→…と増えると，

段の数	1	2	3	4	5	…
マッチ棒の交点の数	4	8	13	19	26	…

マッチ棒の交点の数は４→８→13…と増える。その増え方は，１段が２段になると４か所，２段が３段になると５か所…と前の段より増える交点の数が１か所ずつ増えながら交点の数が増えていく。したがって，８段の図形を並べたときのマッチ棒の交点の数は，13＋６＋７＋８＋９＋10＝53(か所)である。88本のマッチ棒に対して，マッチ棒の交点の数は53か所なので，マッチ棒の先が重なっている部分は最大で88－53＝**35**(個)である。

4　**(1)(ア)**　底面積は，６×７－２×２×3.14＋３×４＝42－12.56＋12＝41.44(㎠)，高さは４㎝なので，(ア)の体積は，41.44×４＝**165.76**(㎤)である。

(イ)　底面積は，10×５－６×２＝50－12＝38(㎠)，高さは４㎝なので，(イ)の体積は，38×４＝**152**(㎤)である。

(2)　(イ)の立体の底面の面積は，(1)より，38㎠であり，上面と下面を合わせて２枚ある。(イ)の図形には，４枚の側面と，くり抜いた部分の側面積があるので，それぞれ足すと，

38×２＋４×５×２＋４×10×２＋２×４×２＋６×４×２＝76＋40＋80＋16＋48＝**260**(㎠)である。

(3)　**【解き方】くり抜いた円柱の体積と，底面の半径を１㎝短くした円柱の体積を比べる。**

くり抜いた円柱の体積は，２×２×3.14×４＝50.24(㎤)であり，底面の半径を１㎝短くして１㎝にした円柱の体積は，１×１×3.14×４＝12.56(㎤)なので，(ア)の体積は50.24－12.56＝**37.68**(㎤)だけ増える。

5　**(1)**　**【解き方】右の図は，容器を真正面から見た図である。グラフより，Aのみで給水したとき，㋐の部分の底面①から水面までの高さが８分で16㎝高くなっているので，１分で16÷８＝２(㎝)高くなっている。**

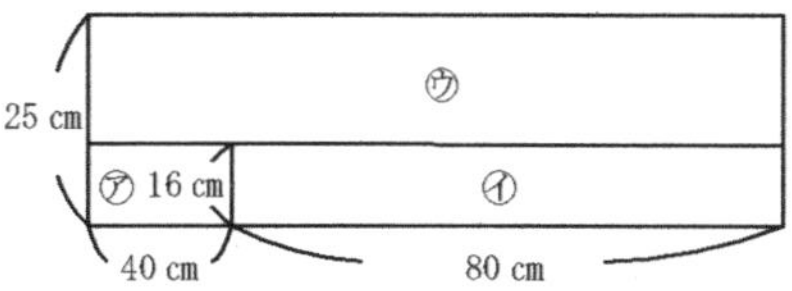

底面①の底面積は50×40＝2000(㎠)なので，給水管Aからは毎分(2000×２)㎤＝毎分4000㎤＝毎分(4000÷1000)L＝毎分４Lの水が出ている。

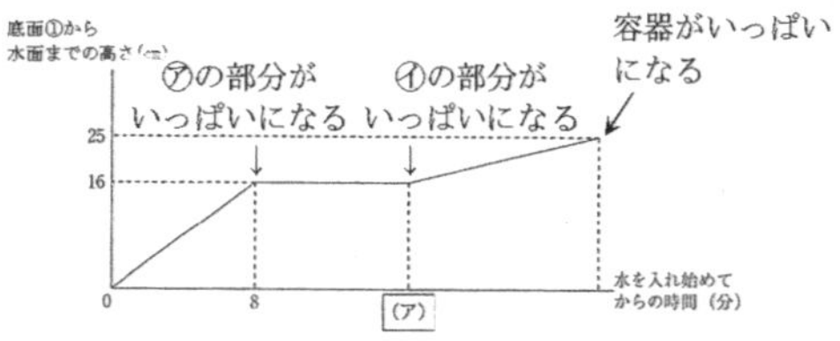

(2)　**【解き方】AとBで同時に給水して㋐と㋑の部分の両方をいっぱいにするのにかかる時間を求めるので，仕切りは考えずに，容器に50×(40＋80)×16＝96000(㎤)，つまり96Lの水が入るのにかかる時間を求める。**

AとBで合わせて毎分(４×２)L＝毎分８Lの水が給水される。容器にたまる水は，毎分(８－２)L＝毎分６Lだから，(ア)＝96÷６＝**16**である。

(3)　**【解き方】仕切りの上の部分の体積は，50×(40＋80)×(25－16)＝54000(㎤)　54000(㎤)＝54(L)であり，**

16分以降も毎分6Ｌずつたまっていく。

容器がいっぱいになるのは，仕切りの板をこえてから，54÷6＝9(分後)なので，水を入れ始めてから16＋9＝25(分後)である。

(4)　**【解き方】16分後にＣを閉めると，毎分4＋4＝8(Ｌ)ずつ水がたまっていく。**

容器がいっぱいになるのは，(ア)から54÷8＝$6\frac{3}{4}$(分後)　　$6\frac{3}{4}$分＝6分($\frac{3}{4}$×60)秒＝6分45秒より，水を入れ始めてから16分＋6分45秒＝22分45秒後である。

《2024　理科　解説》

問1

図1のような装置では，Ａが力点，Ｂが作用点である。支点と力点の間の長さが長く，支点と作用点の間の長さが短い方が，同じ重さの木材を持ち上げるときに必要な力の大きさは小さくなる。

問2

力を加えるＡが力点，持ち上げるＬ字の木材と接しているＯが作用点，地面と接して装置を支えているＢが支点である。

問3

ア○…持ち上げる板の重さと同じ大きさの力でロープを引っ張ると板が持ち上がるから，ロープの両端(りょうたん)に同じ重さの板を結びつけると，少しの力で板を持ち上げることができる。

問4

両側に1枚ずつ板を置くと，合計 50×2＝100(cm)分の橋を作ることができる。この後，両側に1枚ずつ板を重ねると，合計(50÷2)×2＝50(cm)分の橋を作ることができるから，2＋2＝4(枚)の板で 100＋50＝150(cm)分の橋ができる。さらに両側に1枚ずつ板を重ねると，合計(50÷3)×2＝33.3…(cm)分の橋を作ることができるから，4＋2＝6(枚)の板で 150＋33.3＝183.3(cm)分の橋ができる。

問5

花を咲(さ)かせる時期は，ウメが1月～3月，アブラナが3月～5月，アサガオが7月～9月，ツバキが1月～5月，アジサイが5月～7月である。

問7

梅ジュースの原液100mLに水400mLを加えて500mLにすると，全体の量が5倍になる。全体の量と濃度(のうど)は反比例するから濃度は$\frac{1}{5}$倍になる。よって，濃度は約60×$\frac{1}{5}$＝12(%)になる。

問9

クモの体はあたまとむねが1つになった部分(頭胸部(とうきょうぶ)という)と，はら(腹部)の2つにわかれていて，8本のあしが頭胸部から出ている。

問11

川原の石は流れる水のはたらきによって，小さくわれたり，角がけずれたりするため，上流から下流にいくほど石の大きさは小さく丸みをおびる。

問12

流れる水が地面などをけずるはたらきをしん食，土や石などを運ぶはたらきを運ぱん，運ばれてきた土や石を積もらせるはたらきをたい積という。

問14

最高気温が 25℃以上になる日を夏日，30℃以上になる日を真夏日，35℃以上になる日を猛暑日という。また，最高気温が０℃未満の日を真冬日，最低気温が０℃未満の日を冬日という。

問15

積乱雲(雷雲や入道雲ともいう)は，短時間に強い雨を降らせ，雷をともなうこともある。

問16

340×７＝2380(m)

問17

ゲリラ豪雨の前などには，上空から雨よりも先に冷たい空気がおりてきて冷たい風がふく。

問18

オ×…サンダルやはだしではけがをするおそれがある。また，長ぐつでは水が入り歩きにくくなるため，スニーカーなどで避難するのがよい。　カ×…警報が発表されたら，川の水位の情報などを調べ，避難の準備や避難の判断をする。

《2024　社会　解説》

1　問１　１＝京浜　２＝北海道　３＝135　　１．東京から横浜にかけての沿岸部に形成された工業地帯を京浜工業地帯という。高度経済成長期には，最大の工業地帯として日本経済を引っ張ってきたが，内陸部に多くの工場が移転したことで，製造品出荷額等は少なくなってきている。２．都道府県別の面積は，北海道＞岩手県＞福島県＞長野県＞新潟県の順である。３．日本の標準時子午線は，兵庫県明石市を通る東経135度線である。

問２　ウ　　中尊寺金色堂の内部の写真である。アは姫路城，イは東大寺正倉院，エは東大寺盧舎那仏(大仏)。

問３　筑豊炭田からの石炭の輸送と，鉄鉱石の輸送や防衛に便利であったことなどから，北九州に八幡製鉄所が建てられた。

問４　エ　　竹島は，日本と韓国の間の領土問題である。中国が領有を主張しているのは尖閣諸島である。

問５　イ　　アは宮城県，ウは岩手県，エは山形県。

問６　夏の南東季節風は四国山地を越える前に南四国に雨を降らせ，冬の北西季節風は中国山地を越える前に山陰地方に雪を降らせるため，瀬戸内地方には雨や雪を降らせたあとの乾いた風が吹き込み，１年を通して降水量が少ない。

問７　促成栽培　　野菜などの成長を早めるのが促成栽培，遅らせるのが抑制栽培である。

問８　ウ　　Ａは神奈川県，Ｂは福岡県，Ｃは岩手県，Ｄは香川県，Ｅは兵庫県，Ｆは宮崎県。

2　問１　１＝邪馬台国　２＝福沢諭吉　３＝渋沢栄一　　１．卑弥呼が中国の魏に使いを送り，「親魏倭王」の称号，金印，100枚余りの銅鏡などを授かったことが，『魏志』倭人伝に書かれている。２．福沢諭吉は，勝海舟とともに咸臨丸でアメリカを訪問したことや，現在の慶應義塾大学の創始者であることで知られる。３．渋沢栄一は，第一国立銀行や富岡製糸場の建設に携わったことで知られる。

問２　エ　　執権は，代々北条氏が世襲していた。関白…成人した天皇の補佐をする役職。摂政…天皇が女性であったり，幼少であったりしたときに，天皇にかわって政治を行う役職。老中…江戸時代に政務を統括した最高職。

問３　エ　　アは古墳時代，イは旧石器時代，ウは縄文時代の説明。

問４　武家諸法度　　２代将軍秀忠の時代に大名を統制するための武家諸法度が出され，その後８代まで，将軍が代替わりするたびに出された。参勤交代の制度は，３代将軍家光が武家諸法度に初めて追加した。

問5　エ　　ア．1868年→エ．1877年→イ．1889年→ウ．1894年

問6　十七条の憲法／エ　　聖徳太子が制定した十七条の憲法は，儒教や仏教に基づいて，豪族に役人としての心構えを示したものである。租・庸・調は貢ぎ物ではなく，飛鳥時代後半からの律令制で農民に課せられた税である。

問7　イ　　新千円札には，北里柴三郎の肖像と葛飾北斎の浮世絵がデザインされている。新一万円札には，渋沢栄一の肖像と東京駅丸の内駅舎がデザインされている。新五千円札には，津田梅子の肖像と藤の花がデザインされている。

アは俵屋宗達の『風神雷神図屛風』，ウは『源氏物語絵巻』，エは狩野永徳の『唐獅子図屛風』。

3　**問1**　1＝広島　2＝サミット　　第１次石油危機などを受けて初めてサミットが開かれ，その後毎年開かれている。過去に日本では，東京，九州・沖縄，北海道洞爺湖，三重県伊勢志摩でサミットが開かれている。

問2　イ　　A．正しい。B．誤り。アメリカ合衆国の首都はワシントンD.C.であり，国際連合の本部が置かれているのはニューヨークである。

問3　エ　　G７は，日本・アメリカ合衆国・イギリス・フランス・ドイツ・イタリア・カナダの７か国。

問4　イ　　物価が上昇し続けることをインフレーション(インフレ)，下落し続けることをデフレーション(デフレ)という。パンデミック…感染症や伝染病が，世界規模で広まること。オイル・ショック…産油国による原油生産量の削減や値上げなどで起きた世界経済の混乱。

問5　「自動車が普及し，自動車から多くの二酸化炭素などの温室効果ガスが排出されるようになったから。」のように，具体的に書いてもよい。

2023 解答例 令和5年度

福岡雙葉中学校

《国　語》

【一】一．1．校長は男で副校長や教頭は女であること。　2．A．〇　B．〇　C．×　D．×　二．a．男　b．女　三．誰もがあたりまえだと思って疑わないもので、根拠がなく答えようがないから。　四．ウ　五．イ　六．おもしろい　七．ウ，エ　八．学校は社会の縮図　九．イ

【二】一．a．イ　b．オ　二．エ　三．厳しい修業中でもつらくなったらすぐに里帰りができるという考え。　四．最初…固い　最後…いく　五．ウ　六．ア　七．イ　八．武家に生まれたものとしてすべき修行をしたうえで、将来本当にやりたいことを決めること

【三】一．①同　②著　③易　二．①絶後　②材／所　三．①オ　②イ　四．①イ　②エ　③ウ

【四】①愛護　②群生　③寸法　④貯蔵　⑤暴風　⑥負傷　⑦除　⑧隠　⑨おこ　⑩つら

《算　数》

1　(1)4　(2)$\frac{1}{18}$　(3)21.6　(4)7　(5)2

2　(1)4，6　(2)子ども…20　りんご…67　(3)30　(4)$3\frac{1}{3}$　(5)2.45，2.55　(6)15　(7)①120　②52　(8)40.26

3　(1)49　(2)×，121　(3)23　辺ＢＣ

4　(1)336　(2)304　(3)644

5　(1)ふたばさん…80　お姉さん…120　(2)5　(3)80　(4)400　(5)2160

《理　科》

1　問1．ア，イ　問2．汗をかく。　問3．蒸散　問4．ア，ウ　問5．イ　問6．台風／洪水／土石流／線状降水帯／大雨　などから2つ　問7．節電することで，発電の時に排出される二酸化炭素の量を減らすことができる。／樹木を植えることで吸収される二酸化炭素の量を増やす。などから1つ

2　問1．D→C→B　問2．低倍率のほうが視野が広く，観察するものを見つけやすいから　問3．B　問4．イ　問5．くきの切り口…ア　切り口からわかること…水を吸い上げる管がくきの中にあり，規則正しく並んでいることがわかる。　問6．ア．×　イ．×　ウ．〇

3　問1．N　問2．ア　問3．イ，エ　問4．電気自動車　問5．ウ

4　問1．物質の姿が変わること…状態変化〔別解〕物理変化　物質名…二酸化炭素　問2．A　問3．ウ　問4．イ　問5．1分あたりの水の温度上昇…5　あたたまりやすいもの…油

《社　会》

1　問1．(1)やませ　(2)促成栽培　(3)近郊　(4)リアス〔別解〕三陸　問2．夏でも涼しい気候をいかして，酪農がおこなわれている。　問3．エ　問4．郊外に住む人々が通学・通勤してくるため，夜間人口より昼間人口の方が多い。　問5．エ　問6．イ

2　問1．(1)金印　(2)フビライ＝ハン　(3)豊臣秀吉　問2．イ　問3．ウ　問4．応仁の乱以後，下剋上の風潮が広がった。　問5．ウ　問6．エ　問7．ウ

3　問1．ソヴィエト　問2．難民　問3．イ　問4．(例文)難民支援のための募金をしたり，呼びかけたりする。　問5．(1)朝鮮民主主義人民共和国　(2)ウ　問6．イ

2023 解説 ▶ 福岡雙葉中学校

令和５年度

《2023　国語　解説》

【一】

一１　直前の一文で「校長は男で副校長や教頭は女、って多くないですか？」と言ったことを受けている。図１を見ると、「教頭以上」の女性の割合が少ないことがわかる。　２　A．「教員総数」の割合を比べると、小学校が 62.2％、中学校が 43.5％、高等学校が 32.1％なので、○。　B．「教頭以上」の割合を見ると、小学校が 24.1％、中学校が 10.7％、高等学校が 9.2％なので、○。　C・D．このような内容は読みとれない。

二　これより前の例、つまり、「校長は男で副校長や教頭は女」、「お父さんが中心で、お母さんがそれを支えて」いる、というのと同じ構造。よって、「社長が男で、秘書が女」という組み合わせ。

三　――線部②は、答えられずにごまかそうとしていることについて、「どこのどんな～？」「いつから～？」「どういう根拠があるんですか？」などとつっこんだら、イヤがるだろうということ。このことについて、同じ段落で「オトナがそれを『伝統』と呼ぶのは、誰もがあたりまえだと思って、疑わないからです。でも『伝統』には根拠がありません。オトナが『伝統』を持ち出したら、答えられないから問いをシャットアウトして、ごまかしているんだと思ってください」と述べている。

四　表１の「2018 年度の児童会、生徒会の役員・会長で男子が占める比率」「中学の生徒会長は男子が９割　滋賀・大津市が男女比較調査」より、ウが適する。

五　「小学校では～男女半々なのに、中学・高校では男子が多くなる」ことから、「オトナの世界」（校長は男で副校長や教頭は女、お父さんが中心でお母さんがそれを支えている、社長が男で秘書が女、といった男性中心の構造）に近づいていくということを言っている。よって、イが適する。直前の段落の最初で「学校は社会の縮図です」と述べているのも参照。

六　「おもしろいデータが見つかりました」で始まる段落では、表１から言えることを具体的に述べ、「あなたの地域ではどうでしょうか」と投げかけている。

七　――線部④の直後に「なぜだか考えてみましょう」とあり、続けてその理由を述べている。「第一に、男が先で女が後、という男性優位の通念です～男たちが戦地から復員してきて、旧秩序に戻ったから。女に元いたところに戻れ、ってなったんですね」とあることに、ウが適する。また、「第二に、政治家が地域や団体の利益代表のようになっているからです～町内会長や組織の長が男ばかりだと、そこから出てくる候補者も男になりがちです」とあることに、エが適する。

八　直前に「生徒会長が男、副会長が女、っていうのと同じ」とあるが、これは学校の話である。その前では、女性政治家が少ない理由について、地域社会のトップは男が多いということを取り上げている。それと学校が同じだと言っているので、「学校は社会の縮図」（《文章Ⅰ》の５行目）が適する。

九　ア．《文章Ⅱ》の２段落目で「女性立候補者が少ないから、有権者に選択肢がない、結果として女性政治家が増えない」と述べていることに適する。　イ．このようなことは述べていない。　ウ．《文章Ⅰ》の後ろから３段落目で「女子高の方が女の子のリーダーシップが育つ、って言われています。だって能力は置かれた立場で育つものですから」と述べていることに適する。　エ．《文章Ⅰ》の最後の２段落で「女の子に生徒会長になれない理由はありません」「最初に～立候補する女子には、ちょっとした勇気が要るかもしれません。でも～なんのふつごうもないんだ、ってことは、すぐにわかる～誰かひとりが前例をつくってくれれば、二人目からはやりやすくなります」と述べていることに適する。

【二】

一a　ここでの「腕」は、「うでまえ」という意味。ものごとをする能力、技量のこと。　**b**　「手にとるよう」は、すぐ目の前にあるように、はっきり見えたり聞こえたりするさま。

二　「筑後久留米に修業に出しましょう」と言われて「え、と翠之介のからだが揺れた」とある。動揺したということ。よって、エの「不安」が適する。このあと「筑後久留米とは、どこにあるのですか？」「私はここで～親方に菓子作りを教えていただきたいのです」と言っていることからも、その気持ちがうかがえる。

三　治兵衛が直前で言い当てたこと。つまり「すぐにも里帰りができる」という考え。治兵衛自身が修業していたときに「本当に、ただ辛いばかりの日々で、今日こそ家へ逃げ帰ろうと毎日のように考えた」とある。そのように、厳しい修業で辛くなったときに、簡単に逃げ帰ることができる場所にいようとすることを「甘い」と言っている。「己にはもう、帰る家などない」という覚悟が必要だということ。

四　［b］の直前に「固い巌のようだった翠之介の決心が、みるみる削がれて小さくなっていく」とある。

五　翠之介が「困ったように眉根を寄せ」て答えられずにいること、そのような翠之介の様子を見て治兵衛が「迷っているというよりは、あれだけ言い張った後だけに、引っ込みがつかないのだろう」と思っていることから考える。翠之介がなぜ今ためらうような気持ちになっているのか、「あれだけ言い張った」が何を言い張ったことを意味するのか、「引っ込みがつかない」とは今さら何を言いにくいのかをふくめて説明している、ウが適する。

六　「厳しい顔」と対照的な気持ちが心の中にあるが、それを見せないように「奥歯を食いしばった」のである。治兵衛は「親方として」厳しいことを言ったが、「悲しそうに～こちらを見上げる」翠之介の様子を見て、ついやさしい言葉をかけてやりたくなったが、必死にこらえたということ。よって、アが適する。

七　前書きにあるとおり、本文は「治兵衛の家」でのやり取りである。「暗い夜道を、親子(翠之介と父親)が並んで帰っていく」のを「見送る」人なので、イの「治兵衛」。

八　「みどり」というお菓子の名前の由来として「身を縁取る」という説を取り上げたのは、「翠坊ちゃんも、いまは身を縁取る時だと思いますよ」ということを言うため。具体的には「手習いや剣術(武士の修行)もそのためのもので、己のすべきことをきちんと修めて、それでも菓子屋になりてえと言うなら、相談に乗りやしょう」という意味である。つまり、武家に生まれた翠之介がすべきことをきちんとやったうえで、自分が本当にやりたいことを決めるべきだということを言っているのである。

【三】

四①　イの「味をしめる」は、一度うまくいったことからそのよさが忘れられず、次にも同様の期待をすること。
②　エの「猫の手も借りたい」は、非常にいそがしくて手が足りず、どんな手伝いでもほしいということのたとえ。　**③**　ウの「耳を貸す」は、人が言っていることを聞くこと、相談にのること。

《2023　算数　解説》

[1] (1)　与式$=8-2\times2=8-4=4$

(2)　与式$=\frac{5}{12}\times\frac{8}{15}-\frac{1}{6}=\frac{2}{9}-\frac{1}{6}=\frac{4}{18}-\frac{3}{18}=\frac{1}{18}$

(3)　与式$=(9.5-4.7)\times4.5=4.8\times4.5=21.6$

(4)　与式$=(8.2-3.2)\times1.4=5\times1.4=7$

(5)　与式より，11＋(17－8×□)＝84÷7　　17－8×□＝12－11　　8×□＝17－1　　□＝16÷8＝2

2　(1)　**【解き方】かけて 24 になる整数の組み合わせを先に求めると考えやすい。**

かけて 24 になる２つの整数の組み合わせは，１と 24，２と 12，３と８，４と６の４通りで，このうち足して 10 になるものは４と６である。

(2)　**【解き方】過不足算を利用する。１人あたりの個数の差が人数分集まって全体の差になっている。**

１人に配る個数を４－３＝１(個)増やすと，全体で必要な個数は７＋13＝20(個)増える。

よって，子どもの人数は 20÷１＝20(人)となる。また，りんごの個数は３×20＋７＝67(個)となる。

(3)　**【解き方】2400－1680＝720(円)が割引された金額となるから，これが定価の何％にあたるのか求めればよい。**

$\frac{720}{2400}$×100＝30 より，定価の 30％引きとなる。

(4)　横４cm，縦５cmの長方形の面積は４×５＝20(cm²)だから，縦６cmの長方形の横の長さは，20÷６＝$\frac{10}{3}$＝$3\frac{1}{3}$(cm)

(5)　小数第２位で四捨五入するので，小さい方の数はくり上がって小数第１位が５となればよいから，2.45 以上となる。大きい方の数は小数第２位以下を切り捨てればよいので，2.55 未満となる。よって，2.45 以上 2.55 未満。

(6)　１m²＝１m×１m＝100 cm×100 cm＝10000 cm²なので，150000 cm²＝$\frac{150000}{10000}$m²＝15 m²

(7)　**【解き方】右図で，三角形ＥＢＣは正三角形で，ＡＤとＢＣが平行なので，三角形ＥＦＧも正三角形である。**

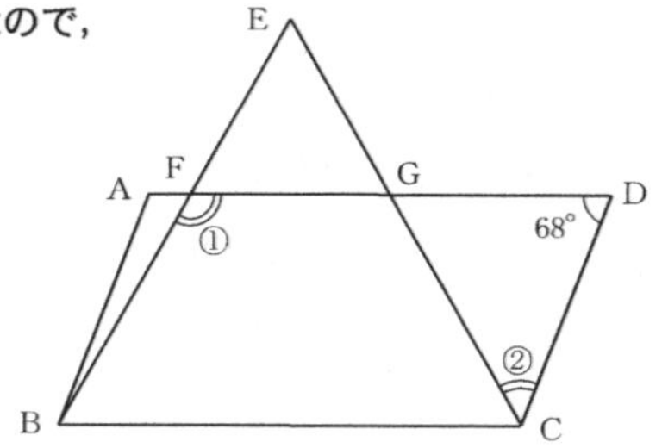

角ＥＦＧ＝60°より，角ＢＦＧ＝180°－60°＝①<u>120°</u>

対頂角なので，角ＤＧＣ＝角ＦＧＥ＝60°，また，角ＣＤＧ＝68°

三角形の内角の和は 180°だから，角ＧＣＤ＝180°－(60°＋68°)＝②<u>52°</u>

(8)　**【解き方】右図で，斜線部分のまわりの長さは，曲線ＡＣ，曲線ＡＢ，直線ＢＣの長さの和である。**

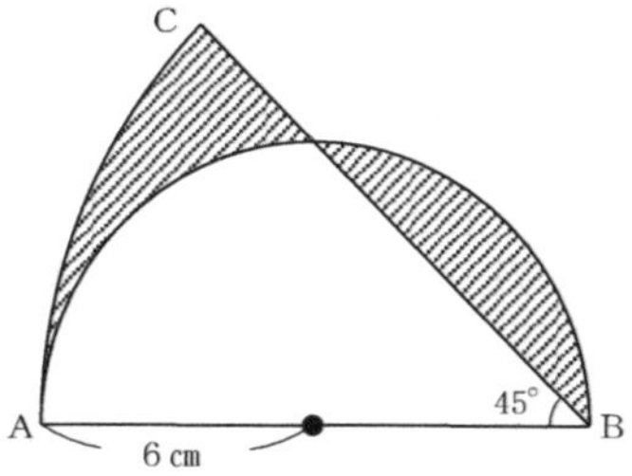

曲線ＡＣは半径 12 cmの円周の長さの$\frac{45°}{360°}$＝$\frac{1}{8}$だから，12×２×3.14×$\frac{1}{8}$＝３×3.14(cm)となる。曲線ＡＢは半径６cmの円周の長さの$\frac{1}{2}$だから，

６×２×3.14×$\frac{1}{2}$＝６×3.14(cm)となる。よって，求める長さは，

３×3.14＋６×3.14＋12＝(３＋６)×3.14＋12＝40.26(cm)

3　(1)　**【解き方】ザ・正方形では，右上の頂点の数字が最大の数になる。**

１辺に並ぶ数字が３個，５個のとき，右上の頂点の数字はそれぞれ９＝３×３，25＝５×５となり，１辺に並ぶ数字の個数を２回かけた値(あたい)になっている。よって，１辺に並ぶ数字が７個のときの最も大きな数字は，７×７＝49

(2)　**【解き方】奇数の平方数(へいほうすう)(同じ整数を２回かけてできる数)のうち，100 に近い数字を考える。**

右上の頂点の数字は，１辺に並ぶ数字が９個のとき，９×９＝81，11 個のとき，11×11＝121 となる。よって，100 までの数字を並べてもザ・正方形はできず，121 まで数字を並べればザ・正方形になる。

(3)　**【解き方】(1)，(2)と同様に，右上の頂点の数を考える。**

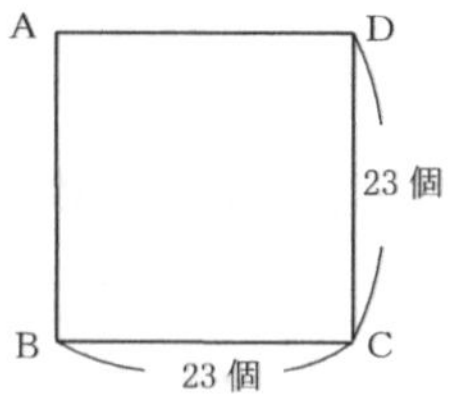

21×21＝441，23×23＝529 だから，500 より大きい数が出てきたとき，最初にできるザ・正方形は１辺に 23 個の数字が並ぶ。このとき 529 は，右図の頂点Ｄにある。

頂点Ｃの位置にある数字は 529－23＋１＝507，頂点Ｂの位置にある数字は 507－23＋１＝485 だから，500 は辺ＢＣ上に並ぶ。

4　(1)　板の厚さが１cmなので，この容器の容積は，(８－２)×(10－２)×(８－１)＝６×８×７＝336(cm³)

(2)　**【解き方】縦８cm，横 10 cm，高さ８cmの直方体の体積から容器の容積を引くことで，板の体積を求められる。**

$8\times10\times8-336=304$(㎤)

⑶　**【解き方】容器を上下それぞれから見たときに見える面の面積と，外側の側面積と，内側の側面積を足せばよい。角柱の側面積は，(底面の周の長さ)×(高さ)で求められることを利用する。**

容器を上下から見たときに見える面は，どちらも縦8㎝，横10㎝の長方形で，その面積は，$8\times10=80$(㎠)

外側の側面積は，$\{(8+10)\times2\}\times8=288$(㎠)　　内側の側面積は，$\{(6+8)\times2\}\times7=196$(㎠)

したがって，容器の表面積は，$80\times2+288+196=644$(㎠)

5　**【解き方】グラフの傾(かたむ)きかたが変わったところで何が起きたのかを考える。グラフに右下がりの部分があるということは，ふたばさんよりお姉さんの方が速いということである。したがって，グラフが右上がりになっているところは「ふたばさんだけが移動している」，グラフが右下がりになっているところは，「2人が移動している」または「お姉さんだけが移動している」，グラフが水平になっているところは「2人とも移動していない」ということだから，右図のような内容をグラフから読み取れる。**

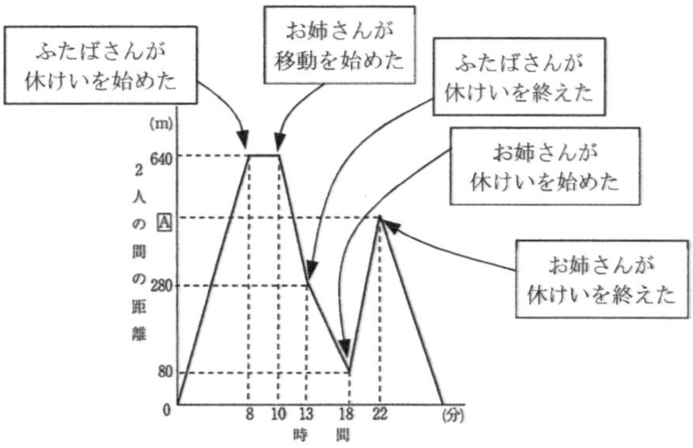

⑴　ふたばさんは出発してから8分で640m進んでいるから，$640\div8=80$より，毎分80mである。

お姉さんは$13-10=3$(分)で$640-280=360$(m)進んでいるから，$360\div3=120$より，毎分120mである。

⑵　ふたばさんが休けいした時間は出発して8分後から13分後までなので，$13-8=5$(分間)

⑶　お姉さんが休けいを始めたのはふたばさんが出発して18分後だから，2人の間の距離は80mである。

⑷　ふたばさんが出発して18分後から22分後はお姉さんが休けいしている。Aに入るのは，22分後の2人の間の距離だから，$80+80\times4=400$(m)となる。

⑸　**【解き方】ふたばさんが出発して22分後からは2人とも移動していて，2人の間の距離が0mになったときに駅に着いた。このことをもとにふたばさんが移動した時間の合計を求める。**

2人がともに移動している間は，1分間に$120-80=40$(m)距離が近づく。したがって，22分後からさらに$400\div40=10$(分後)に，2人同時に駅に到着した。よって，ふたばさんが移動した時間の合計は，$22+10-5=27$(分)だから，家から駅までの距離は，$80\times27=2160$(m)

《2023　理科　解説》

1　**問1**　ア○…二酸化炭素のような温室効果ガスは，熱を地球内部にとどめるので，二酸化炭素の排出量が増加すると，気温が高くなる。　イ○…森林が減少すると，光合成によって吸収される二酸化炭素の量が少なくなるので，二酸化炭素が増加し，気温が高くなる。

問2　汗をかくことで，皮ふから水が蒸発するときに熱をうばうので，からだを冷やすことができる。

問4　ア，ウ○…まきひげをつけるヘチマ，つるを伸ばすアサガオなどの植物が，グリーンカーテンに適している。

問5　イ×…酸性雨によって，森林がかれたり，農作物が育たなくなったりする被害(ひがい)が出る。

問7　二酸化炭素などの温室効果ガスの増加をおさえられるようなことを答えよう。

2 問3　B○…顕微鏡（けんびきょう）では，上下左右が反対に見えるので，右に見えるものを視野の中央に移動させるときは，プレパラートを右に動かす。

問4　イ○…ホウセンカの根から水が吸い上げられるので，水面の位置が下がる。

問5　ホウセンカのくきの切り口では，根から吸い上げられた水が通る管(道管という)が円形に並んでいる。

問6　ウ○…問５より，くきには水の通り道はあるが，水が外に出る仕組みはないと考えられる。アについてはこの実験からはわからない。葉にとうめいの袋（ふくろ）をかぶせて，水滴（すいてき）がつくことを確かめることで，水が葉から蒸発することがわかる。

3 問１　方位磁針のＮ極は電磁石のＳ極に引かれる(方位磁針のＳ極は電磁石のＮ極に引かれる)ので，方位磁針のＮ極が西を指し，Ｓ極が電磁石の方向を向くとき，電磁石のＡはＮ極である。

問２　ア○…電磁石の極は電磁石を流れる電流の向きによって決まる。図２のコイルの電流の向きを図１と比べると，ＤがＮ極だとわかる。よって，Ｓ極のＣがＮ極に引きつけられ，Ｎ極のＤがＳ極に引きつけられる。

問３　イ，エ○…電磁石のＤ(Ｎ極)がＳ極に近づくエのときに電流の向きを変え，次にＳ極になったＤがＮ極に近づくイのときに電流の向きを変えることで，コイルは回転し続ける。

問４　ＥＶはElectric Vehicle(電気自動車)のことである。

問５　ウ×…機械式腕時計（うでどけい）はぜんまいを巻き上げる力で動く。

4 問２　Ａ○…周りに水があると，氷はとけやすいので，氷がとけてできた水がビーカー内に残りやすいものほど氷はとけやすい。

問３　ウ○…ふつう物質は液体が固体になると体積が小さくなるが，水は例外で，水が氷になると体積が大きくなるので，表面がふくらむ。氷が水に浮くのは，水が氷になるときに体積が大きくなり，氷の重さが同じ体積での水の重さよりも軽くなるからである。

問４　氷だけのとき(ａ～ｂ)は温度が上昇（じょうしょう）するが，０℃に達して氷がとけ始めると温度が一定になる(ｂ～ｃ)。

問５　ｃ～ｄでは液体の水の温度が上昇していく。この20分間で液体の水の温度が100℃上昇するので，１分あたり100÷20＝５(℃)上昇する。また，油は１分(＝60秒)で60÷６＝10(℃)上がるので，油は水よりもあたたまりやすい。

《2023　社会　解説》

1 問1(1)　やませ　　初夏の東北地方の太平洋側に吹く，冷たく湿った北東風をやませという。やませが吹くと，雲や霧が発生したり，雨が降ったりすることで，日照不足と低温により，冷害を招く危険性がある。

(2)　促成栽培　　温暖な気候とビニルハウスなどを利用して，成長を早め，ナスやピーマン，キュウリなどを旬の時期より早く出荷する栽培方法を促成栽培という。成長を抑える抑制栽培と合わせて覚えておきたい。

(3)　近郊　　大消費地に向けて，季節の野菜や花を出荷する農業を近郊農業という。　(4)　リアス　　沈降した山地の谷間の部分に海水が入りこんで形成されたリアス海岸は，水深が深く波もおだやかなため，漁港や養殖に適している。三陸海岸，志摩半島の英虞湾，若狭湾沿岸などにリアス海岸がみられる。

問２　北海道東部の根釧台地では，夏でも気温が上がらず稲作に向いていないため，酪農がさかんに営まれている。

問３　エ　　さくらんぼは，おうとうとも呼ぶ。りんごは青森県，みかんは和歌山県，ぶどうは山梨県が日本第一位の生産量を誇る。

問４　「通勤・通学」は必須（ひっす）のワードである。その上で，「夜間人口より昼間人口が多い」ことと関連付ける。

問5　エ　　愛知県は，日本最大の工業地帯である中京工業地帯に位置する。ア．印刷業がさかんなのは京浜工業地帯だから誤り。イ．北九州工業地帯(地域)の記述だから誤り。ウ．阪神工業地帯の記述だから誤り。

問6　イ　　②はアメリカのホワイトハウスである。①とDが中国，③とBがエジプト，④とAがフランス。

2　**問1**(1)　金印　　金印には「漢委奴国王」と刻まれていたため，『後漢書』東夷伝に記されている印綬とされる。

(2)　フビライ＝ハン　　モンゴル帝国を建国したチンギス＝ハンの孫のフビライ＝ハンが，元を建国し，都を大都とした。

(3)　豊臣秀吉　　本能寺の変で織田信長を自害に追い込んだ明智光秀を，山崎の戦いで破った豊臣秀吉は，天下統一を果たし，太閤検地や刀狩を実施し，武士と農民の区別をはっきりさせた兵農分離をすすめた。

問2　イ　　銅鐸が正しい。アは縄文土器(縄文時代)，ウは土偶(縄文時代)，エは埴輪(古墳時代)。

問3　ウ　　アは平安時代，イは飛鳥時代，エは安土桃山時代。

問4　下剋上…身分の下の者が実力で，身分の上の者ととってかわること。また，貴族や僧侶が地方に逃れたために，都の文化が全国に広まったことも，応仁の乱の影響である。

問5　ウ　　エ(元和令・1615 年)→ア(島原・天草一揆・1637 年)→ウ(大塩平八郎の乱・1837 年)→イ(ペリー来航・1853 年)

問6　エ　　ア．議会は貴族院と衆議院で構成されたから誤り。イ．大日本帝国憲法では，土地所有権が明確となり，売買は自由に行われたから誤り。ウ．主権者は天皇だったから誤り。

問7　ウ　　正しくは国際連盟を脱退する通告をしたである。リットン調査団の報告を受けた国際連盟では，満州国の建国を認めず，日本軍の満州からの撤退を勧告する決議が行われた。これに抗議する形で，日本の代表は退席し，国際連盟からの脱退を通告し，1935 年に正式脱退した。アは 1945 年，イは 1925 年，エは 1870 年代。

3　**問1**　ソヴィエト　　ソヴィエトは，評議会や会議を意味する。1917 年にロシア革命がおこり，その後世界で初めての社会主義国であるソヴィエト社会主義共和国連邦が成立した。

問2　難民　　シリアやアフガニスタンからの難民が多い。2022 年に始まったロシアによるウクライナ侵攻によって，ウクライナからの難民も増えている。

問3　イ　　ア．日本の国際連合への加盟は，日ソ共同宣言に調印した 1956 年に実現したから誤り。ウ．教育・科学・文化の国際協力を推進する国際連合の専門機関は，ユネスコ(国連教育科学文化機関)だから誤り。エ．国際連合の本部はアメリカのニューヨークにあるから誤り。

問4　遠い外国の人々への支援としては，募金活動が考えられる。

問5(1)　朝鮮民主主義人民共和国　　一般に北朝鮮と呼ばれる。拉致問題，核兵器の保有，度重なるミサイルの発射など多くの問題があり，日本はいまだに北朝鮮とは国交が開かれていない。　(2)　ウ　　日本は，ロシアへの経済制裁として輸出を止めるなどしているため，工業製品の輸出量が増えることはない。

問6　イ　　プーチン大統領である。アはウクライナのゼレンスキー大統領，ウはフランスのマクロン大統領，エはアメリカのバイデン大統領。

2022 解答例 令和４年度　福岡雙葉中学校

《国　語》

【一】一．政治や経済　二．イ　三．エ　四．つねに新しい情報に活字でふれていないと満足感が得られない状態。　五．Ⅰ．最近のもの　Ⅱ．最近のものから歴史的に古いもの　六．情報　七．ア
八．A．情報量　B．大切なことを正確に判断する力があった　九．D

【二】一．A．エ　B．ウ　二．ア　三．Ⅰ．喜びをあたえる　Ⅱ．あこがれ　Ⅲ．パンを作ることが好きだ
四．自分の将来について考え、自分の意志でその将来につながる選択をしているところ。　五．イ
六．「千穂、こ　七．ア

【三】一．①ウ　②オ　③エ　④カ　⑤イ　二．［誤／正］　①［年／念］　②［岩／石］　③［理／里］　④［十／百］
⑤［高／功］　三．①進歩　②保守　③利益　④水平　四．①舌　②鼻　③歯

【四】①従順　②燃料　③前兆　④修　⑤悲観　⑥清潔　⑦転居　⑧法律　⑨そむ
⑩かなめ

《算　数》

1　(1)9　(2)1　(3)3　(4)7600　(5)68

2　(1)67　(2)7　(3)10000　(4)7.5　(5)日　(6)17　(7)22.88　(8)ア．34　イ．28

3　(1)240　(2)80　(3)144　(4)1080

4　［1］(1)4　(2)36　(3)88　［2］(1)28　(2)100

5　(ア)5　(イ)奇数　(ウ)偶数　(エ)9　(オ)15　(カ)51　(キ)65

《理　科》

問1　エ

問2　平均の速さ…6.25〔別解〕$\frac{25}{4}$　1時間で進む距離…22500

問3　マラソン選手の筋肉は，長時間はたらくことができ，スタミナがある。ウエイトリフティングの選手の筋肉は，スタミナはないが一時的に強くはたらき，パワーがある。

問4　名前…羽毛　はたらき…体温を一定に保つため／体を保護するため　などから1つ

問5　イ，エ

問6　(1)オ，キ，ケ　(2)オ，カ

問7　雲の名前…積乱雲　天気…(短時間ではげしい)雨が降る

問8　ボールの場所…c　力の名前…重力

問9　水が蒸発するときに身体の熱をうばうことで体温を下げるため。

問10　①120　②100　③30　④10

問11　Aがくもった理由…氷によってAの部分が冷やされて，空気中の水蒸気が水に変わったから。(下線部は水滴でもよい)　Bの状態…ウ

問12　①エ　②ア　③オ

問13　①高　②38　③24　④低

《社　会》

1 問1．⑴長崎　⑵イタリア　⑶バチカン　⑷フランス　⑸広島　　問2．ウ　　問3．ウ　　問4．ア
問5．4，1，午後，2　　問6．水陸の交通の便がよく，石油化学コンビナートが多くある。　　問7．豪雪による雪下ろしの負担を軽くするため。　　問8．自動車　　問9．ウ

2 問1．⑴小野妹子　⑵大化の改新　⑶聖武　　問2．⑴ウ　⑵高床倉庫　　問3．墓の形…前方後円墳　場所…イ
問4．エ　　問5．エ　　問6．唐のおとろえと往復の危険があったから。　　問7．時期…C　名前…鑑真
問8．⑴イ　⑵江戸　⑶織田信長　⑷C→A→B　　問9．⑴富岡製糸場　⑵イ

3 問1．5　　問2．イ　　問3．スマートフォンやタブレット端末を使用する人が増えたから。
問4．カルテの電子化　　問5．イ　　問6．プライバシーの侵害を防ぐこと。

←解答例は前のページにありますので，そちらをご覧ください。

《2022　国語　解説》

【一】

㈠　１～２行前の「新聞を読んでいる者同士であれば、当たり前に政治や経済の話ができます。でも一人が新聞を読んでいてもう一人が読んでいなければ、そういう話はできません」に続く文である。

㈡「新聞の切り抜きを二週間やるだけで～中身の濃い話ができるように」なる例として適さないものを選ぶ。ア、ウ、エは、話題が社会問題に関することであり、ある程度「新しい情報」である。よって、新聞から得た知識をもとにした話だと考えられる。イは科学知識に関する話であり、社会問題とはほとんど関係のない古くからある情報である。よって、新聞から得た知識というよりは学校で習うような知識をもとにした話なので、ここでの「中身の濃い話」の例としては適さない。

㈣　６行後に「日々更新される新しい情報を知りたいという欲求や、その情報にふれている満足感が、活字中毒を招いたといえます」とあることに着目する。――線部④の「中毒」は、それなしにはいられなくなるという意味で用いられている。よって、いつも新しい情報に活字でふれていないと満足感が得られない状態を指している。

㈤　新聞については「つねに新しい情報」「新鮮な情報」「日々のことが書かれているので～新陳代謝が盛ん」などと書かれている。本については「昨日、今日の情報が載っているわけではありません～もう少し長いタイムスパンになります」「最近のことを知るには適していません」などと書かれている。これらから、両者の「決定的な違い」をまとめる。

㈦「かつての日本には毎日～新聞の情報を入手しないと気が済まない～人たちが九割はいました」と述べ、直後に「すごい社会だった」と評価している。人々の九割が新聞の情報を入手して、「日常会話として政治、経済の深い話」ができた社会のことを表す言葉なので、「知的レベルの高い社会」が適する。

㈧　直前に「かつては日本のほとんどの世帯が新聞を取っていて～情報を共有していました」とある。また、最後から３段落目に「基本情報量の多い人間が判断するのと、少ない人間が判断するのとでは、判断の精度にも大きな差が生まれます」とある。つまり、世の中のほとんどの人が新聞を取って読んでいた時代は、人々が多くの情報量を持っていたので、判断の精度が高く、その能力が政治や経済を支えていたということ。

㈨　A.「新しい情報を知りたい人にとっては～喜んでいる」は、本文から読み取れない。　B.「ネットニュースに～疑う」は、本文から読み取れない。　C.「ニュースより本を～知ることができる」は、本文から読み取れない。D. 文章の後半、特に［⑥］の次の行の「日々更新される」から後で筆者が述べている内容を正しく理解している。

【二】

㈢Ⅰ「お客さん、すごく嬉しそうな顔して買いに来てくれるんだよね」より、父がお客さんに喜びをあたえていることが分かる。　Ⅱ「お父さんみたいになりたいな」「かっこよく見えるんだ」などから、父にあこがれを抱いていることが分かる。　Ⅲ　真奈は「あたし、パン作るの好きなんだって、本気で思った」と言っている。

㈣　千穂は胸の内で「真奈は偉いと思います。しっかり、自分の将来を考えてます」と感じている。また、「高校卒業したらパンの専門学校に行きたいな……って思ってんだ」という真奈の話を聞いて、「確かな自分の意志」があるのを感じ、「真奈って、すごい」と「心底から感心して」いる。

㈤　千穂は、画家志望だから芸術系の高校に行くのかと聞かれ、「え……あ、それはわかんない」「……まあ。でも、それは……」と煮え切らない返事をしている。はっきりした返事ができなかったのは、「夢だから。口の中で呟き、目を伏せる」とあるように、「好きなこと」はあるのに、真奈のようにその道に進む勇気がないからだ。そして、そんな自分を情けなく思っている。よってイが適する。ウの「才能が全くない」は本文からは読み取れない。

㈥　9行目に「今日のお昼、(真奈と)一緒にお弁当を食べていた時」とある。その前の行から、千穂が「今日のお昼」のことを回想している場面に変わっている。

㈦　ア．千穂は、大樹を思い出すことで、夢中になって木登りをしていた「昔の自分の姿」を思い出している。そして、大樹の存在が自分の中によみがえることが、好きなことに夢中になれないでいる「現在の姿」を見つめなおすきっかけとなっている。　イ．「今の悩みをいったん忘れ」は適さない。　ウ．千穂の悩みは、真奈に「将来への不安を打ち明け」たい、「本心を伝え」たいということではなく、自分自身が好きなことに向かってちょう戦する勇気がもてないことである。㈤の解説も参照。　エ．千穂は、大樹の「枝から落ちたことがある」が、「奇跡的に無傷ですんだ」だけであり、「困難を乗り越えた」は適さない。　よってアが適する。

【三】

㈠①　雲散霧消(あとかたもなくきえてしまうこと)。　②　針小棒大(ちょっとしたことを大げさに言い立てること)。　③　前代未聞(これまで一度も聞いたことがないこと)。　④　三寒四温(冬に、寒い日が三日ほど続いた後、暖かい日が四日ほど続く気候がくり返されること)。　⑤　有名無実(名ばかりで、それに見合った実績がないこと)。

《2022　算数　解説》

1 (1)　与式$=8+21-4\times5=29-20=9$

(2)　与式$=(\frac{6}{12}+\frac{2}{12}+\frac{1}{12})\times\frac{4}{3}=\frac{9}{12}\times\frac{4}{3}=1$

(3)　与式$=3.14-0.1-0.04=3.14-(0.1+0.04)=3.14-0.14=3$

(4)　与式$=38\times(92+74+34)=38\times200=7600$

(5)　与式より，$27-(\square-11)\div3=48\div6$　$27-(\square-11)\div3=8$　$(\square-11)\div3=27-8$

$(\square-11)\div3=19$　$\square-11=19\times3$　$\square-11=57$　$\square=57+11=68$

2 (1)　**【解き方】5教科の平均点から，5教科の合計点を求める。**

5教科の合計点は$75\times5=375$(点)で，4教科の合計点は$72+65+90+81=308$(点)だから，残りの1教科の得点は，$375-308=67$(点)

(2)　**【解き方】実際に割り算をやって，どのような数字が繰り返されるか調べる。**

$193\div111=1.738738\cdots$となるから，小数点以下は738の3つの数を1つの周期とした数が繰り返される。

$10\div3=3$余り1より，小数第10位は，周期の1番目の7である。

(3)　**【解き方】1ヘクタールは，1辺の長さが100mの正方形の面積に等しい。**

1 ha$=(100\times100)$㎡$=10000$㎡

(4)　**【解き方】単位を時間に直して計算する。**

40分$=(40\div60)$時間$=\frac{2}{3}$時間だから，その速さは，時速$(5\div\frac{2}{3})$km＝時速$(5\times\frac{3}{2})$km＝時速7.5km

(5)　**【解き方】1年が何週間と何日あるか求める。**

$365\div7=52$あまり1だから，1年は52週と1日ある。12月31日が土曜日だから，次の年の1月1日は日曜日。

(6)　**【解き方】5年前の2人の年れいの合計は，28－5×2＝18になる。**

5年前の年れいの比の数の和の2＋1＝3が18にあたるから，5年前の姉の年れいは，$18\times\frac{2}{3}$＝12(才)で，今の年れいは，12＋5＝17(才)

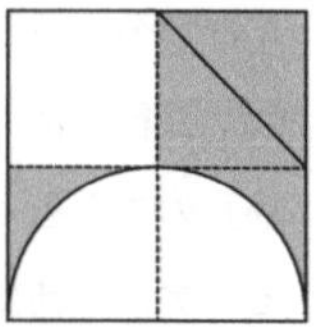

(7)　**【解き方】しゃ線部分の面積は，右図の色をつけた部分の面積と等しい。**

縦が4cmで横が8cmの長方形の面積から，半径が4cmの半円の面積を引いて，1辺の長さが4cmの正方形の面積と合わせると，(4×8－4×4×3.14÷2)＋4×4＝4×4×2－4×4×1.57＋4×4＝16×(2－1.57＋1)＝16×1.43＝22.88(㎠)

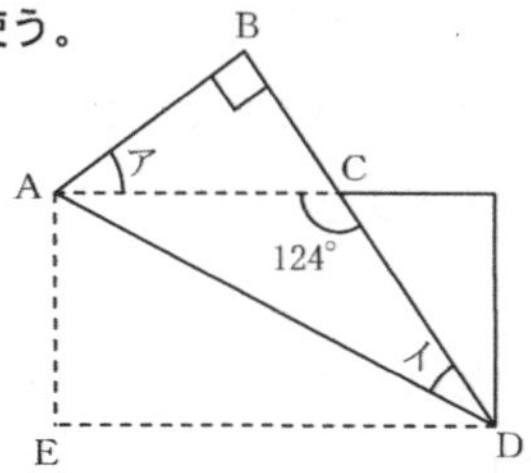

(8)　**【解き方】右図のように記号を置いて，三角形の外角の性質や平行線の性質を使う。**

長方形を折り返した図形だから，角B＝90°である。

三角形ABCにおいて，角ア＝124°－90°＝34°

折り返した図形だから，角ADE＝角イであり，ACとEDは平行だから，

錯角(さっかく)は等しいので，角CAD＝角ADEより，角CAD＝角イがわかる。

よって，三角形CADにおいて，角イ＝(180°－124°)÷2＝28°

3　(1)　60×4＝240(m)

(2)　**【解き方】(1)をふまえる。**

(1)より，240mの道のりを7－4＝3(分)でもどったから，その速さは，分速(240÷3)m＝分速80m

(3)　**【解き方】お姉さんが720m進むまでの時間を求める。**

お姉さんがたかこさんに追いつかれるまでに進んだ時間は，720÷60＝12(分)だから，たかこさんは，720mの道のりを，12－7＝5(分)で進んだことになる。その速さは，分速(720÷5)m＝分速144m

(4)　**【解き方1】たかこさんがお姉さんに追いこしたあとに着目する。**

たかこさんの自転車とお姉さんの進む速さの比は，144：60＝12：5だから，かかる時間の比は5：12になる。

比の数の差の12－5＝7が3分30秒＝$\frac{7}{2}$分になるのは，たかこさんがお姉さんを追いこしてから，$\frac{7}{2}\times\frac{12}{7}$＝6(分後)である。よって，家から駅までは，720＋60×6＝1080(m)

【解き方2】グラフ上にできる同じ形の図形の辺の長さの比を利用する。

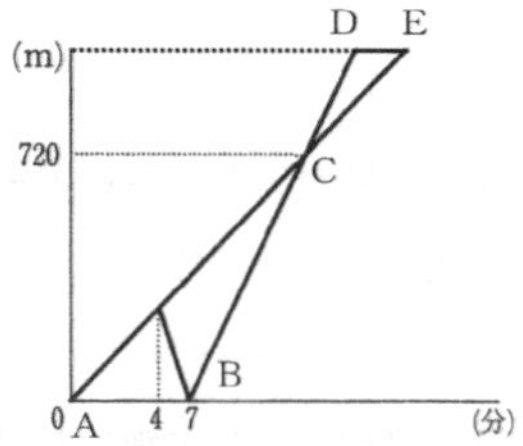

右図のように記号をおく。辺DEは時間を表す軸(辺AB)と平行であり，この長さが3分30秒＝$\frac{7}{2}$分を表す。三角形ABCと三角形EDCは同じ形であり，辺の長さの比は，AB：ED＝7：$\frac{7}{2}$＝2：1である。したがって，三角形ABCの底辺をABとしたときの高さと三角形EDCの底辺をEDとしたときの高さの比も2：1になる。高さは道のりを表し，三角形EDCの底辺をEDとしたときの高さは$720\times\frac{1}{2}$＝360(m)だから，求める道のりは，720＋360＝1080(m)である。

4　[1](1)　1×2×2＝4(㎤)

(2)　2×4×5－4＝40－4＝36(㎤)

(3)　**【解き方】小さな直方体をくりぬく前の直方体と，くりぬいたあとの立体の表面積を比べたとき，増えたのは，くりぬいた直方体の側面積の分になる。**

くりぬいた直方体の側面積は，(底面積の周囲の長さ)×(直方体の高さ)で求められるから，増えた分の面積は，(1×2＋2×2)×2＝12(㎠)になる。くりぬく前の直方体の表面積は，(2×4＋2×5＋4×5)×2＝76(㎠)だから，表面積は，12＋76＝88(㎠)

[2](1)　**【解き方】くりぬく立体の体積を，右図のように3つに分けて考える。このとき，a，bの長さはわからないが，a＋b＝5－1＝4(cm)である。**

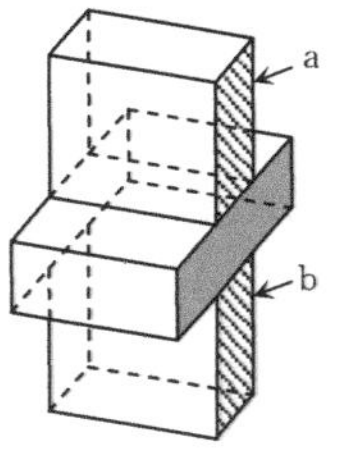

くりぬく立体を，右図の色を付けた部分と斜線を引いた部分を底面とした角柱と考える。色をつけた部分の面積は，1×2＝2(cm²)で，斜線をつけた部分の面積の和は，1×4＝4(cm²)だから，くりぬく立体の体積は，(2＋4)×2＝12(cm³)である。よって，図2の立体の体積は，2×4×5－12＝28(cm³)

(2)　**【解き方】外側の部分と内側の部分に分けて考える。**

外側の面積は，くりぬく前の直方体の表面積から，1×2＝2(cm²)の長方形4個分の面積を引いて，76－2×4＝68(cm²)である。内側の面積は，くりぬく立体の表面積から，2cm²の長方形4個分の面積を引いて求める。(2)の解説図の底面積は2＋4＝6(cm²)で，底面の周囲の長さの和は(5＋2)×2＝14(cm)だから，内側の面積は，6×2＋14×2－2×4＝32(cm²)である。よって，表面積は，68＋32＝100(cm²)

5　$\frac{1}{2}$，$\frac{1}{3}$，$\frac{2}{3}$，$\frac{1}{4}$，$\frac{2}{4}$，$\frac{3}{4}$，$\frac{1}{5}$，$\frac{2}{5}$，$\frac{3}{5}$，$\frac{4}{5}$，$\frac{1}{6}$，$\frac{2}{6}$，$\frac{3}{6}$，$\frac{4}{6}$，$\frac{5}{6}$となるから，分母の数字が6の分数は$_{ア}$5個できる。上の分数で，分母が$_{イ}$奇数の場合は約分できる分数はなくて，分母が$_{ウ}$偶数の場合は約分できる分数が混ざっている。素数は1とその数自身以外で割り切れないから約分できないが，素数でない数には1以外の約数があるから，必ず約分できる。1を除く奇数を小さい方から数えていくと，3，5，7，9，…となり，初めて素数でない奇数が現れるのは$_{エ}$9のときである。

分母が同じ分数の個数を考えると，1個，2個，3個，4個，…と変化している。そこで，1＋2＋3＋4＋…の和が100になる場合を考える。1＋2＋…＋10＝55より，分母が11の分数までが55個，分母が12の分数までが55＋11＝66(個)，分母が13の分数までが66＋12＝78(個)，分母が14の分数までが78＋13＝91(個)，分母が15の分数までが91＋14＝105(個)だから，100個目は分母が$_{オ}$15の分数の100－91＝9(番目)の$\frac{9}{15}$である。

また，100個の中で，分母が奇数のものは，2＋4＋6＋8＋10＋12＋9＝$_{カ}$51(個)ある。

分母が奇数である分数を数えるとき，約分して分母が奇数になるものに注意する。また，分母が奇数である分数を約分しても再び分母は奇数になる。6＝2×3より，分母が6である分数を約分すると，分母が3である分数が，$\frac{2}{6}=\frac{1}{3}$，$\frac{4}{6}=\frac{2}{3}$の2個できる。10＝2×5より，分母が10である分数を約分すると，分母が5である分数が，$\frac{2}{10}=\frac{1}{5}$，…，$\frac{8}{10}=\frac{4}{5}$の4個できる。同じように考えていくと，12＝2×2×3より，分母が12である分数を約分すると，分母が3である分数が2個できる。14＝2×7より，分母が14である分数を約分すると，分母が7である分数が6個できる。したがって，約分する前の分母が偶数で，かつ約分したあとの分母が奇数になる分数は，2＋4＋2＋6＝14(個)あるから，全部で，51＋14＝$_{キ}$65(個)

《2022　理科　解説》

問1

走りはじめの速さは0である。

問2

平均の速さは100(m)÷16(秒)＝(毎秒)6.25(m)である。1秒で6.25m進むということは，1時間→3600秒では6.25×3600＝22500(m)進むことができる。

問5

背骨がある動物をセキツイ動物といい，セキツイ動物は魚類，両生類，は虫類，鳥類，ほ乳類の5つに分けられる。

ハトは鳥類だから，イとエが同じなかまである。なお，アとウはほ乳類，オはは虫類である。

問６

(1)　インゲンマメの種子の発芽に必要な条件は，適当な温度，水，空気(酸素)の３つである。アが発芽しなかったことから，５℃は適当な温度ではないことがわかる。よって，３つの条件が与えられたオ，キ，ケが発芽する。

(2)　ある条件が必要かどうかを調べるには，その条件以外がすべて同じものを比べる。水が与えられていないのはエとカであるが，エと水の条件だけが異なるウは発芽していないので，ウとエを比べても発芽するのに水が必要かどうかはわからない。これに対し，カと水の条件だけが異なるオは発芽したので，オとカを比べることで，発芽するのに水が必要であることがわかる。

問８

同じ時間ごとにさつえいすると，ボールが遅いときほど前後のボールとの間かくがせまくなる。また，ボールが運動する向きと逆向きに力がはたらくとボールの速さは遅くなり，ボールが運動する向きと同じ向きに力がはたらくとボールの速さは速くなる。ボールには下向きの重力が常にはたらいているので，ボールが上方向に運動しているときには遅くっていき，ボールが下方向に運動しているときには速くなっていく。

問９

夏に庭などに水をまいて暑さを和らげたり，汗をかく(汗が蒸発する)ことで体温が下がったりすることなども，同じ原理によるものである。その他にも，エアコンの冷房や冷蔵庫で同じ原理が使われている。

問10

てこをかたむけるはたらき〔おもりの重さ(ｇ)×支点からの距離(㎝)〕が左右で等しくなるとつり合う。ここでは，支点からの距離を棒の白黒の目盛りで考える。①のおもりをつるした棒のつり合いについて考えると，支点の左側では，10ｇのおもり２個と10ｇの棒１本の合計30ｇが支点から４目盛りの位置につるされている。よって，てこを左にかたむけるはたらきは30×４＝120だから，支点から１目盛りの位置につるされた①がてこを右にかたむけるはたらきも120になるように，120÷１＝120(ｇ)にすればよい。次に，一番上の棒のつり合いについて考えると，左右で支点からの距離は同じであり，左のおもりの重さの合計が10＋10＋120＝140(ｇ)であることから，右の②～④のおもりの重さの合計も140ｇになる(棒の数は左右で２本ずつなので棒の重さは考えなくてよい)。さらに，②をつるした棒のつり合いについて考えると，左右で支点からの距離の比は２：４＝１：２だから，左右にかかる重さの比がその逆比の２：１になれば，つり合う。この棒にかかる重さは 140(②～④の重さ) ＋ 10(棒の重さ) ＝150(ｇ)だから，150ｇを２：１に分けて，左に100ｇ，右に50ｇかかるようにすればよい。よって，②は100ｇであり，③と④の合計は140－100＝40(ｇ)である。同様に考えて，③と④の支点からの距離の比は１：３だから，重さの比は３：１であり，40ｇを３：１に分けて，③が30ｇ，④が10ｇである。

問11

Ａの部分にできたくもりの多くは，水面から蒸発した水蒸気(目に見えない)が上に移動し，冷やされて水滴に変化したものだから，Ｂの部分には水蒸気があると考えられる。また，ガラス板でふたをするさいに容器内の空気をぬく作業が行われたとは考えられないので，Ｂの部分に空気はあると考えられる。

問12

①③エのように２個のかん電池を直列につなぐと，かん電池１個のときよりも豆電球に流れる電流が強くなり，豆電球が明るくつく。また，オのように２個のかん電池を並列につなぐと，豆電球の明るさはかん電池１個のときと同じだが，豆電球がついている時間はかん電池１個のときよりも長くなる。　②アのように２個のかん電池の向き

を逆にすると，回路に電流は流れず，豆電球がつかない。

問13

①混ぜる水の温度と重さの両方が異なる場合，平均の温度よりも重い方の水の温度に近づく。　②20℃と50℃の水の重さの比は40：60＝２：３であり，それぞれの水の温度変化はその逆比と等しくなるから，20℃から50℃までの30℃を３：２で分ける温度になる。よって，20℃の水は$30\times\frac{3}{3+2}=18$(℃)上がって38℃になる。　③０℃と30℃の水の重さの比は20：80＝１：４だから，②と同様に考えて，０℃の水は$30\times\frac{4}{4+1}=24$(℃)になる。　④０℃の氷を０℃の水にするために30℃の水がもつ熱が使われるから，０℃の水20ｇと30℃よりも低い温度の水80ｇを混ぜたときと同じだと考えればよい。よって，混ぜたときの温度は③よりも低くなる。

《2022　社会　解説》

1　問１(1)　長崎と天草地方の潜伏キリシタン関連遺産は世界文化遺産であり，キリスト教が禁じられている中で，潜伏キリシタンが信仰を継続していたことにかかわる遺産である。　(3)　バチカン市国は，イタリアの首都であるローマ市内にあり，カトリック教会の総本山である。　(5)　原爆は，広島に1945年８月６日午前８時15分，長崎に８月９日午前11時２分に投下された。

問２　ウを選ぶ。ＵＮＥＳＣＯ(国連教育科学文化機関)は世界遺産の登録による，文化や自然の保護活動に取り組んでいる。アは世界貿易機関，イは東南アジア諸国連合，エは国連児童基金の略称である。

問３　沖縄県は１年を通して温暖で，台風の通り道なので８月～９月の降水量が多いからウである。

問４　アが正しい。甲府盆地や長野盆地の扇状地は水はけがよいため，水が少なくても育つぶどうの生産が盛んである。イとエは北海道，ウは和歌山県の生産量が多い。

問５　経線は15度間隔で引かれており，日本が東経135度，ロンドンが経度０度に位置する。経度差15度で１時間の時差が生じるから，日本とロンドンの経度差が135度で，時差は135÷15＝９(時間)になる。日本はロンドンより時刻が進んでいるので，ロンドンの９時間後が日本の時刻となる。

問６　瀬戸内工業地域で化学工業が盛んなこと，大規模な石油化学コンビナートがあることを読みとる。

問７　降り積もった雪が自然に下へ落ちるように屋根の傾きが急になっている。岐阜県白川郷や富山県五箇山で見られる合掌造りの屋根の傾斜は，雪の重みで家がつぶれないようにするための工夫である。

問８　中京工業地帯は製造品出荷額が日本一であり，自動車生産が盛んなので機械工業の割合が高い。

問９　ウの平等院鳳凰堂(京都府)を選ぶ。アはヴェルサイユ宮殿，イはコロッセウム，エは厳島神社。

2　問１(1)　小野妹子は，聖徳太子によって遣隋使として隋の煬帝のもとに派遣された。　(2)　飛鳥時代，中大兄皇子や中臣鎌足らが蘇我氏を滅ぼした後，人民や土地を国家が直接支配する公地公民の方針を示し，政治改革に着手した。この頃，「大化」という元号が初めて用いられたため，「大化の改新」という。　(3)　奈良時代，聖武天皇は，仏教の力で国家を守ろうと全国に国分寺や国分尼寺を，都に総国分寺として東大寺を建設した。

問２(1)　銅鐸は弥生時代につくられたから，ウが正しい。アは旧石器時代，イとエは縄文時代。　(2)　高床倉庫は，収穫した稲の穂を蓄えるための倉である。

問３　イ．古墳時代の日本最大の前方後円墳として，大阪府堺市にある大仙古墳を覚えておこう。

問４　エが正しい。氏(うじ)は一族の名前であり，姓(かばね)には臣(おみ)，連(むらじ)，造(みやつこ)などがあった。アは３世紀，イは13世紀，ウは９世紀。

問５　エは聖徳太子が制定した冠位十二階だから，誤り。

問６　遣唐使の派遣停止は，菅原道真が進言した。

問７　鑑真の来日は８世紀半ばだから，Ｃを選ぶ。

問８⑴　史料Ａは豊臣秀吉が出した刀狩令だから，イが正しい。アは北条義時，ウは平清盛，エは織田信長。

⑵　史料Ｂは徳川家光が参勤交代を追加した武家諸法度（寛永令）である。　⑶　史料Ｃは織田信長が安土城下に出した楽市・楽座令である。　⑷　Ｃ．織田氏（1577年）→Ａ．豊臣氏（1588年）→Ｂ．徳川氏（1635年）

問９⑴　殖産興業政策として，生糸の品質や生産技術を向上させることを目的に，群馬県に富岡製糸場が作られた。

⑵　イの渋沢栄一は富岡製糸場設立に尽力し，第一国立銀行や大阪紡績会社などの設立を進め，日本の資本主義の父と呼ばれた。アは大久保利通，ウは西郷隆盛，エは伊藤博文。

３　問１　５Ｇは「第５世代移動通信システム」を意味する。

問２　ＩｏＴは「モノのインターネット」を意味するから，イを選ぶ。

問３　パソコンの普及に伴ってインターネット利用者が増えていき，2008年の日本向けiPhone発売をきっかけにスマートフォンが普及していった。タブレット端末はスマートフォンよりも後に普及していった。

問４　診察時の医師と患者の会話から，ＡＩ（人工知能）が体温，血圧，病名などに関する部分を抽出してカルテを作成する。

問５　イを選ぶ。アは国会，ウは裁判所が持つ権限である。エは天皇が行う国事行為である。

問６　情報の漏えいや，本来の目的とは違う使い方によって個人が特定されるなどのおそれがある。

2021 解答例
令和3年度

福岡雙葉中学校

《国　語》

【一】一．a．エ　b．ア　c．カ　　二．イ　　三．ウ　　四．Ⅰ．縮尺の大きな地図　Ⅱ．具体的に示す
　五．ア　　六．それぞれの生きものがどこに生息し、どのような環境で見られるかということ。　　七．エ

【二】一．A．イ　B．エ　　二．ア　　三．学校がもうはじまっているかどうかということ。　　四．エ　　五．時間がたち、周りの人たちに心配をかけ、おこられるのがさけられなくなってきたから。　　六．目　　七．ウ

【三】一．①一／千　②無／夢　　二．①エ　②オ　　三．①犬　②馬
　四．①いらっしゃる　②ご覧になる　③申して

【四】①就職　②故障　③権利　④議論　⑤推進　⑥蒸発　⑦針穴　⑧盛
　⑨したが　⑩うやま

《算　数》

1　(1)12　(2)$\frac{4}{5}$　(3)4　(4)11100　(5)5

2　(1)1.6，$\frac{7}{4}$，$\frac{16}{9}$　(2)6000　(3)600　(4)①，③　(5)11　(6)15.7　(7)32　(8)①36　②36

3　(1)かけ算の答え…36　4通り　(2)（6，1），（6，4），（9，1），（9，6）

4　(1)225　(2)625

5　(1)Aさん…6　Bさん…4　(2)24　(3)40　(4)右図

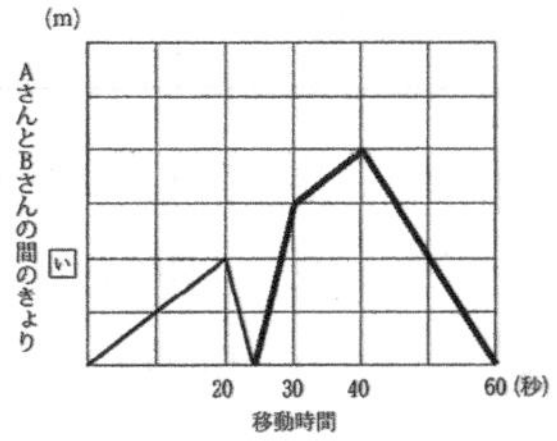

《理　科》

問1　イ

問2　アユ／イワナ／ヤマメ

問3　流れが速い方…イ　石のようす…上流の石は下流の石に比べ，大きく角ばっている。

問4　水中の物体には浮力がはたらくから。

問5　汗をかくと，体内の水分だけでなく塩分も同時に失われてしまうため。

問6　80

問7　長い　作用点…ア

問8　A．酸素　B．ちっ素

問9　アルコールに引火するとはげしく燃えてしまうから。

問10　右図　図についての説明…山に太陽の光がさえぎられるから。

問11　カワウソ

問12　自分の出した音が何かとぶつかって返ってきたとき，その方向とタイムラグで自分の位置を把握している。

（下線部は超音波でもよい）

問13　50

問14　①東　②南　③西　満月の向き…ア

《社　会》

1　問1．⑴シラス　⑵博多　⑶奥羽　⑷やませ　⑸東日本　　問2．⑴ウ　⑵ウ　　問3．ア　　問4．ア

問5．ウ　　問6．ア　　問7．ウ　　問8．リアス(式)　　問9．エ

2　問1．A．卑弥呼　B．聖武天皇　C．藤原頼通　D．源頼朝　E．足利義政　F．徳川吉宗　G．田中正造

問2．イ　　問3．エ　　問4．自分の娘を天皇と結婚させて，生まれた子供を天皇として即位させた。

問5．ア　　問6．ウ　　問7．X．将軍　Y．大坂〔別解〕大阪　　問8．イ　　問9．エ

3　問1．⑴②　⑵①　　問2．ウ　　問3．生存　　問4．ウ　　問5．X．イ　Y．イ　　問6．イ

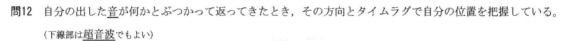

問7．番号…①　取り組み…各国の貧困による教育格差をなくす活動

福岡雙葉中学校

←解答例は前のページにありますので，そちらをご覧ください。

《2021　国語　解説》

【一】

著作権に関係する弊社の都合により本文を非掲載としておりますので、解説を省略させていただきます。ご不便をおかけし申し訳ございませんが、ご了承ください。

【二】

二　――線部①の直後の一文に「いっしょに新田までかけてきた子どもたちも、いつか二人をのこして帰ってしまっていた」とある。いっしょに来た仲間はもう学校に行ったのだと知ると、自分たちだけ残っているのが心細くなる。よって、アの「不安」が適する。

三　――線部②の直前の文の「洪作はそのことを幸夫にいいたかったが」の「そのこと」と同じ内容を指している。二人とも同じことが気になっているのである。ここで気になっていることは、直前の段落の後半の「そのあいだ学校のことが気にならないわけではなかった（＝気になっていた）。もう学校のはじまる時刻かもしれなかったし、あるいは、もうとっくにはじまっている時刻かもしれなかった」ということ。

四　学校のことが気になっているからこそ、幸夫は「先生におこられたって～正吉さんを見たほうがいいや、なあ、洪ちゃ」と確認するかのように同意を求めたのである。洪作も「そりゃあそうさ。そのほうがずっといいや」と答えたものの、「そのほうがずっといいかどうか、はなはだ自信はなかったが、しかし、そう口にださないではいられないような心の動きがあった」とある。つまり二人とも、全面的にこれでいいのだと思っているわけではなく、学校に行かずにここにいるのはよくないということも、わかってはいるのである。しかし、気になりながらも後には引けず、これでいいんだよね、とおたがいに確認することで、自身が納得しようとしているのである。この内容に、エが適する。

五　――線部④の直後に「これから学校へ行ったら大変なことになるだろう～自分をさがしまわっているであろうおぬい婆さんの姿も目に浮かんできた」とある。学校の先生からもおぬい婆さんからも厳しくしかられるにちがいないと思ったのである。つまり、絶対におこられるので「絶望的な」「救いのない」気持ちになったということ。

六　「目の色を変える」は、目つきを変えること。何かに熱中する様子や、怒りなどを表すときに使う。

七　学校のことが気になりながらも言い出せず、幸夫の発言に合わせて「そのほうがずっといいや」「見ていかなけりゃ、損だもんな」などと言っていることから、ウが適する。

【三】

二　アの「立て板に水」は、すらすらとよどみなく話すことのたとえ。イの「紺屋の白袴」は、染物屋なのに自分は染めていない白い袴をはいているということから、専門としていながら、他人のためにいそがしくて自分のことには手が回らないことのたとえ。似た意味をもつものに、「医者の不養生」がある。ウの「弘法筆を選ばず」は、弘法大師（書の名人）は筆のよしあしを問題にしない、つまり、本当にその道にひいでた人はどんな道具を使っても立派な仕事をするものだというたとえ。

四①　「いる」の尊敬語「いらっしゃる」を使う。　**②**　「見る」の尊敬語「ご覧になる」を使う。

③　話し手の「父」（身内）の動作なので、聞き手に対してへりくだる言葉（謙譲語）を使う。「言う」の謙譲語「申す」を使う。

《2021　算数　解説》

1 (1)　与式$=4\times36\times\frac{1}{12}=4\times3=12$

(2)　与式$=(\frac{6}{15}+\frac{10}{15})\times\frac{3}{4}=\frac{16}{15}\times\frac{3}{4}=\frac{4}{5}$

(3)　与式$=7.2\div(7.2-5.4)=7.2\div1.8=4$

(4)　与式$=(94+3\times2)\times111=(94+6)\times111=100\times111=11100$

(5)　与式より，$47-(2+□\times2)=5\times7$　　$2+□\times2=47-35$　　$□\times2=12-2$　　$□=10\div2=5$

2 (1)　**【解き方】分数にして通分するよりも，小数にして比べた方が計算が簡単である。**

$\frac{7}{4}=1.75$，$\frac{16}{9}=1.77\cdots$だから，$1.6<\frac{7}{4}<\frac{16}{9}$

(2)　**【解き方】縦と横の比は5：3だから，縮尺にもとづいて計算するのは縦(または横)の長さだけでよい。**

実際は，縦が5cm×2000＝10000 cm$=\frac{10000}{100}$m＝100m，横が$100\times\frac{3}{5}=60$(m)だから，面積は，100×60＝6000(㎡)

(3)　学校全体の生徒数に$\frac{55}{100}$をかけると330になるのだから，学校全体の生徒数は，$330\div\frac{55}{100}=600$(人)

(4)　**【解き方】割られる数は，1より大きい数で割ると小さくなり，1より小さい数で割ると大きくなり，1で割ると同じ数になる。**

割る数が1より小さいのは①と③だから，求める番号は①，③である。

(5)　**【解き方】グループの人数をa人とし，リンゴもミカンもアメもb個ずつ余ったとする。62－b，95－b，117－bはすべてaで割り切れるのだから，aの倍数である。aの倍数とaの倍数の差はaの倍数になるのだから，62－bと95－bの差もaの倍数であり，95－bと117－bの差もaの倍数である。**

95－62＝33も117－95＝22もaの倍数であり，33と22の公約数は1と11だから，a＝11である。

よって，グループの人数は11人である。

(6)　**【解き方】3つのおうぎ形の中心角が等しいので，色がついた部分の一部は面積を変えずに右図のように移動できる。1つのおうぎ形の面積と㋐と㋒の面積の和を求めればよい。同じ形で，対応する辺の比がa：bの図形の面積比は，(a×a)：(b×b)となることを利用する。**

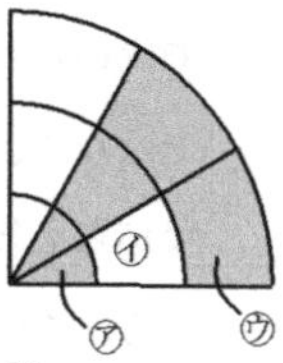

半径2×3＝6(cm)，中心角30°のおうぎ形の面積は，$6\times6\times3.14\times\frac{30}{360}=3\times3.14$(㎠)

㋐と，㋐と㋑を合わせたおうぎ形と，㋐と㋑と㋒を合わせたおうぎ形は同じ形で，対応する辺の比が

2：(2×2)：(2×3)＝1：2：3だから，面積比は，(1×1)：(2×2)：(3×3)＝1：4：9

したがって，(㋑の面積)：(㋐と㋑と㋒の面積の和)＝(4－1)：9＝1：3だから，

(㋐と㋒の面積の和)：(㋐と㋑と㋒の面積の和)＝(3－1)：3＝2：3

よって，(㋐と㋒の面積の和)＝(㋐と㋑と㋒の面積の和)$\times\frac{2}{3}=(3\times3.14)\times\frac{2}{3}=2\times3.14$(㎠)だから，

求める面積は，3×3.14＋2×3.14＝(3＋2)×3.14＝5×3.14＝15.7(㎠)

(7)　**【解き方】右図の太線の長さの和は7cm，破線の長さの和も7cmだから，7cmの4倍に2cmを2つ加えればよい。**

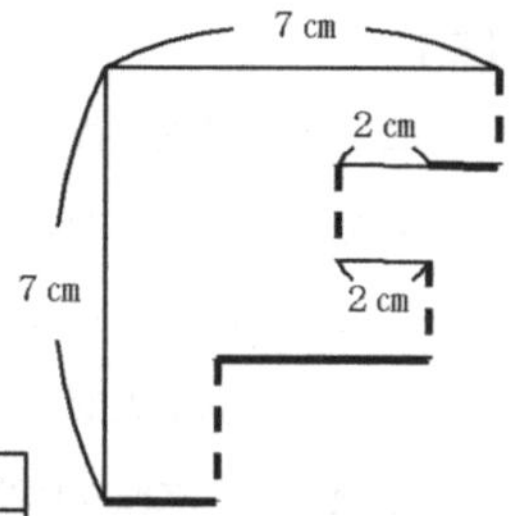

7×4＋2×2＝32(cm)

(8)　**【解き方】白石，黒石の個数を表にまとめ，その増え方の規則性を考える。石を並べてできた図形を順番に，1番，2番，3番，…とする。**

① 白石，黒石の個数は右表のようになる。白石は，最初が8個でそれ以降は4個ずつ増えているとわかる。28個になるのは，最初から28－8＝20(個)増えたときだから，1＋20÷4＝6(番)のときである。

番号(番)	1	2	3	…
白石の個数(個)	8	12	16	…
黒石の個数(個)	1	4	9	…

黒石の個数は，最初が１＝１×１(個)，２番が４＝２×２(個)，３番が９＝３×３(個)だから，番号の数を２つかけあわせた数になっている。よって，６番の黒石の個数は，６×６＝36(個)

②　①より，黒石が64＝８×８(個)になるのは８番のときである。

このときの白石の個数は，８＋４×(８－１)＝36(個)

[3] ⑴　**【解き方】$\frac{\text{[あ]}}{\text{[い]}}\times\frac{\text{[う]}}{\text{[え]}}=\frac{\text{[あ]}\times\text{[う]}}{\text{[い]}\times\text{[え]}}$を最大にするためには，[あ]×[う]を最大に，[い]×[え]を最小にすればよい。**

[あ]と[う]に８と９(または９と８)，[い]と[え]に１と２(または２と１)を置けばよい。そのときのかけ算の答えは，$\frac{8\times9}{1\times2}$＝36になる。[あ]と[う]への置き方は８と９，９と８の２通りあり，その１通りごとに，[い]と[え]への置き方が１と２，２と１の２通りある。よって，かけ算の答えが最大になる置き方は全部で，２×２＝４(通り)

⑵　**【解き方】[い]の３を約分で消すためには，[う]に３の倍数である６か９を置かなければならない。**

[う]に６を置く場合，かけ算の答えが整数になる式は，$\frac{2}{3}\times\frac{6}{1}$，$\frac{2}{3}\times\frac{6}{4}$の２つある。

[う]に９を置く場合，かけ算の答えが整数になる式は，$\frac{2}{3}\times\frac{9}{1}$，$\frac{2}{3}\times\frac{9}{6}$の２つある。

よって，条件に合う([う]，[え])の組み合わせは，(６，１)(６，４)(９，１)(９，６)

[4] ⑴　**【解き方】もとの直方体の体積から，小さい方の立体の体積を引けばよい。**

もとの直方体の体積は，10×５×５＝250(cm³)　小さい方の立体は三角柱とみることができ，底面積が２×５÷２＝５(cm²)，高さが５cmだから，体積は，５×５＝25(cm³)

よって，大きい方の立体の体積は，250－25＝225(cm³)

⑵　**【解き方】立体を右図Ⅰの高い立体と，図Ⅱの低い立体に分けて考える。図Ⅱの立体は⑴の立体と同じである。**

図Ⅰ

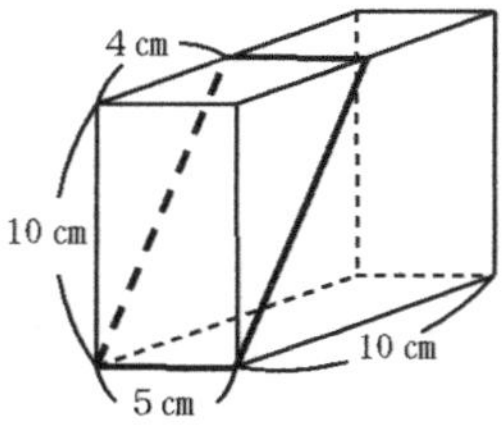

図Ⅱ

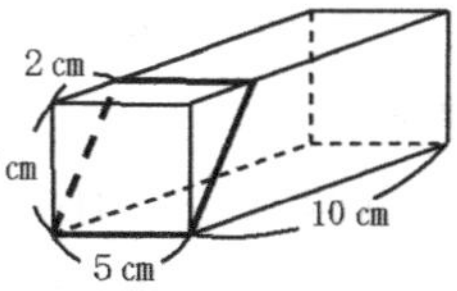

図Ⅰの立体を太線で囲まれた平面で分けたとき，大きい方の立体の体積は，

10×５×10－(４×10÷２)×５＝500－100＝400(cm³)

図Ⅱの立体を太線で囲まれた平面で分けたとき，大きい方の立体の体積は，⑴より225 cm³である。よって，求める体積は，400＋225＝625(cm³)

[5] ⑴　図１のグラフから，120m進むのにAさんは20秒，Bさんは30秒かかったとわかる。

よって，Aさんの速さは秒速$\frac{120}{20}$m＝秒速６m，Bさんの速さは秒速$\frac{120}{30}$m＝秒速４mである。

⑵　**【解き方】向かい合って進む２人が出会うまでの時間は，(２人の間の距離(きょり))÷(２人の速さの和)で求められる。**

図１のグラフから，20秒後の時点でAさんは120m，Bさんは80m進んでいるとわかる。このとき２人の間の距離は120－80＝40(m)である。２人の速さの和は，秒速(６＋４)m＝秒速10mだから，40÷10＝４(秒後)にすれちがうので，[あ]＝20＋４＝24

⑶　⑵より，20秒後の時点で２人は40mはなれているから，[い]＝40

⑷　**【解き方】２人の移動の様子が変わる，30秒後，40秒後，60秒後それぞれの２人の間の距離を求め，図２のグラフにそれらの点をとり，直線で結べばよい。**

図１のグラフから２人の間の距離は，30秒後に60m，40秒後に80mになっているとわかる。60秒後は２人とも出発地点にいるので，２人の間の距離は０mである。

よって，点(30秒，60m)，(40秒，80m)(60秒，０m)を順に直線で結べばよい。

《2021　理科　解説》

問１

イ○…川底からの光は，水中から空気中に出るときに折れ曲がる。これを光のくっ折という。光がくっ折するため，川の底が実際より浅く見える。

問２

アユ，イワナ，ヤマメは山間部の渓流(けいりゅう)に生息する淡水(たんすい)魚である。なお，ヒラメ，タイは海に生息する海水魚，スズキは河口などの淡水と海水が混じり合う汽水(きすい)域に生息する汽水魚である。

問３

曲がっている川の内側では流れがおそいため，土砂が堆積(たいせき)して川原ができやすい。これに対し，外側では流れが速いため，川底や川岸がけずられてがけができやすい。また，下流の石ほど，川を流れてくる間に川底や他の石とぶつかるなどして割れたり角がけずられたりするため，小さく丸みを帯びている。

問４

水の中にある物体には，その物体がおしのけた水と同じ重さの上向きの力がはたらく。この力を浮力(ふりょく)という。

問６

スポーツドリンク２リットルの重さは２kg→2000ｇであり，４％ふくまれる砂糖の重さは2000×0.04＝80(ｇ)である。

問７

アが作用点，イが支点，ウが力点である。長い棒を用いて，支点から作用点までの長さを短くし，支点から力点までの長さを長くすると，より小さな力で大きなものを動かすことができる。

問８

酸素は，それ自体は燃えないが，ものが燃えるのを助ける性質がある。また，空気の中に最も多くふくまれるのはちっ素である。なお，二酸化炭素は水に少しとけ(水よう液は炭酸水)，石灰水を白くにごらせる気体，アンモニアは無色で刺激臭(しげきしゅう)のある気体，水素は無色無臭で最も軽い気体である。

問13

地球から月までの距離は384000km，新幹線の速さは時速320kmなので，384000÷320＝1200(時間)→50日かかる。

問14

月は，太陽と同じように，東の地平線からのぼり，南の空で最も高くなり，西の地平線にしずむ。満月が最も高い位置に見えた②が南であり，南を向いたときの左手側の①が東，③が西である。

《2021　社会　解説》

1　Ａは沖縄県，Ｂは静岡県，Ｃは鹿児島県，Ｄは山口県，Ｅは岩手県。

問１(1)　シラス台地は，水はけがよいため稲作に向かず，畜産や畑作がさかんに行われている。　(3)・(4)　やませは，夏に東北地方の太平洋側に北東から吹く，冷たく湿った風である。やませが吹くと，濃霧が発生して日照時間が短くなり，気温が十分に上がらなくなることから，農作物の生長がさまたげられる冷害が発生しやすい。奥羽山脈を越えると，フェーン現象によって高温な風となる。

問2(1)　アメリカ国旗のウを選ぶ。日本がサンフランシスコ平和条約で独立を回復した後も，沖縄はアメリカによって占領されたままになっていた。アは中国，イはブラジル，エはイギリス。　(2)　ウを選ぶ。アは長崎県，イは福岡県，エは茨城県つくば市。

問3　東海工業地域についての記述のアを選ぶ。イは中京工業地帯であり，発達しているのは自動車を中心とした機械工業である。ウは北九州工業地帯，エは関東内陸工業地域。

問4　アを選ぶ。利根川は関東地方，淀川は近畿地方，北上川は東北地方を流れる。

問5　桜島のウを選ぶ。アは広島県の原爆ドーム，イは岐阜県の白川郷，エは愛知県・岐阜県・三重県の木曽三川(木曽川・長良川・揖斐川)と輪中。

問6　鹿児島県は豚の飼育頭数が日本一だから，アを選ぶ。イは宮崎県，ウは北海道。

問7　岩国市は山口県にあるから，ウを選ぶ。アは千葉県，イは愛知県，エは滋賀県。

問8　リアス海岸は山地が沈降した谷の部分に海水が入りこんでできた地形である。

問9　岩手県は太平洋側の気候だが，気温の年較差が大きく，夏に降水量が最も多いエを選ぶ。アは太平洋側の気候，イは南西諸島の気候，ウは日本海側の気候。

2　問1A　卑弥呼が魏に使いを送り，「親魏倭王」の称号のほか，銅鏡を授かったことが，中国の歴史書『魏志倭人伝』に記されている。　B　聖武天皇は，仏教の力で国家を守ろうと全国に国分寺や国分尼寺を，都に総国分寺として東大寺を建設した。　E　足利義政は東山に銀閣を建てた。　F　徳川吉宗の享保の改革では，財政をたてなおすため，新田開発の奨励や，参勤交代の期間を短縮する代わりに幕府に米を納めさせる上米の制などが実施された。

問2　イの高床倉庫は，収穫した稲の穂を蓄えるための倉である。アの埴輪は古墳時代，ウの縄文土器とエの土偶は縄文時代。

問3　エを選ぶ。アは安土桃山時代，イは江戸時代，ウは平安時代。

問5　アは元寇の様子を描いた「蒙古襲来絵詞」である。イのアヘン戦争は江戸時代，ウの応仁の乱は室町時代，エの長篠の戦いは安土桃山時代。

問6　ウが正しい。アは平安時代，イは奈良時代，エは飛鳥時代。

問8　イが正しい。大日本帝国憲法は，君主権の強いプロイセン(ドイツ)憲法を手本にして定められた。
ア．「参議院」でなく「貴族院」である。　ウ．法律の範囲以内で自由や権利は認められていた。　エ．「国民」と「天皇」が逆である。

問9　安土桃山時代のエを選ぶ。アは江戸時代，イは飛鳥時代，ウは鎌倉時代と室町時代の間である。

3　問1(1)　ＷＨＯは，世界保健機関の略称だから②を選ぶ。　(2)　ＵＮＥＳＣＯは，国連教育科学文化機関の略称だから①を選ぶ。国際通貨基金はＩＭＦ，国際原子力機関はＩＡＥＡである。

問2　ウ．生存権を実現する生活保護制度は，国民の健康と生活を最終的に保障する公的扶助制度に含まれる。

問4　ウのテドロス事務局長を選ぶ。アはアメリカのトランプ大統領，イは中国の習近平国家主席，エはドイツのメルケル首相。

問5　1ドル＝100円から1ドル＝110円になることを「円安ドル高」，1ドル＝100円から1ドル＝90円になることを「円高ドル安」という。

問6　イが正しい。アは火力発電，ウは風力発電，エは地熱発電。

問7　解答例のほか，②を選んで「(世界保健機関で働くことになれば，)世界の子どもたちに医薬品を届ける活動(をしていきたい。)」なども良い。

■ ご使用にあたってのお願い・ご注意

（1）問題文等の非掲載

著作権上の都合により，問題文や図表などの一部を掲載できない場合があります。

誠に申し訳ございませんが，ご了承くださいますようお願いいたします。

（2）過去問における時事性

過去問題集は，学習指導要領の改訂や社会状況の変化，新たな発見などにより，現在とは異なる表記や解説になっている場合があります。過去問の特性上，出題当時のままで出版していますので，あらかじめご了承ください。

（3）配点

学校等から配点が公表されている場合は，記載しています。公表されていない場合は，記載していません。

独自の予想配点は，出題者の意図と異なる場合があり，お客様が学習するうえで誤った判断をしてしまう恐れがあるため記載していません。

（4）無断複製等の禁止

購入された個人のお客様が，ご家庭でご自身またはご家族の学習のためにコピーをすることは可能ですが，それ以外の目的でコピー，スキャン，転載（ブログ，ＳＮＳなどでの公開を含みます）などをすることは法律により禁止されています。学校や学習塾などで，児童生徒のためにコピーをして使用することも法律により禁止されています。

ご不明な点や，違法な疑いのある行為を確認された場合は，弊社までご連絡ください。

（5）けがに注意

この問題集は針を外して使用します。針を外すときは，けがをしないように注意してください。また，表紙カバーや問題用紙の端で手指を傷つけないように十分注意してください。

（6）正誤

制作には万全を期しておりますが，万が一誤りなどがございましたら，弊社までご連絡ください。

なお，誤りが判明した場合は，弊社ウェブサイトの「ご購入者様のページ」に掲載しておりますので，そちらもご確認ください。

■ お問い合わせ

解答例，解説，印刷，製本など，問題集発行におけるすべての責任は弊社にあります。

ご不明な点がございましたら，弊社ウェブサイトの「お問い合わせ」フォームよりご連絡ください。迅速に対応いたしますが，営業日の都合で回答に数日を要する場合があります。

ご入力いただいたメールアドレス宛に自動返信メールをお送りしています。自動返信メールが届かない場合は，「よくある質問」の「メールの問い合わせに対し返信がありません。」の項目をご確認ください。

また弊社営業日（平日）は，午前９時から午後５時まで，電話でのお問い合わせも受け付けています。

2025 春

株式会社教英出版
〒422-8054　静岡県静岡市駿河区南安倍３丁目 12-28
TEL　054-288-2131　　FAX　054-288-2133
URL　https://kyoei-syuppan.net/
MAIL siteform@kyoei-syuppan.net

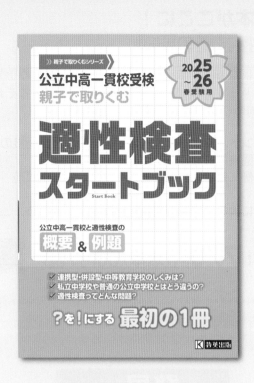

神奈川県

①[県立]（相模原中等教育学校 / 平塚中等教育学校）
②[市立]南高等学校附属中学校
③[市立]横浜サイエンスフロンティア高等学校附属中学校
④[市立]川崎高等学校附属中学校
✿⑤聖光学院中学校
✿⑥浅野中学校
⑦洗足学園中学校
⑧法政大学第二中学校
⑨逗子開成中学校（1次）
⑩逗子開成中学校（2·3次）
⑪神奈川大学附属中学校（第1回）
⑫神奈川大学附属中学校（第2·3回）
⑬栄光学園中学校
⑭フェリス女学院中学校

新潟県

①[県立]（村上中等教育学校 / 柏崎翔洋中等教育学校 / 燕中等教育学校 / 津南中等教育学校 / 直江津中等教育学校 / 佐渡中等教育学校）
②[市立]高志中等教育学校
③新潟第一中学校
④新潟明訓中学校

石川県

①[県立]金沢錦丘中学校
②星稜中学校

福井県

①[県立]高志中学校

山梨県

①山梨英和中学校
②山梨学院中学校
③駿台甲府中学校

長野県

①[県立]（屋代高等学校附属中学校 / 諏訪清陵高等学校附属中学校）
②[市立]長野中学校

岐阜県

①岐阜東中学校
②鶯谷中学校
③岐阜聖徳学園大学附属中学校

静岡県

①[国立]静岡大学教育学部附属中学校（静岡·島田·浜松）
②（[県立]清水南高等学校中等部 / [県立]浜松西高等学校中等部 / [市立]沼津高等学校中等部）
③不二聖心女子学院中学校
④日本大学三島中学校
⑤加藤学園暁秀中学校
⑥星陵中学校
⑦東海大学付属静岡翔洋高等学校中等部
⑧静岡サレジオ中学校
⑨静岡英和女学院中学校
⑩静岡雙葉中学校
⑪静岡聖光学院中学校
⑫静岡学園中学校
⑬静岡大成中学校
⑭城南静岡中学校
⑮静岡北中学校
⑯（常葉大学附属常葉中学校 / 常葉大学附属橘中学校 / 常葉大学附属菊川中学校）
⑰藤枝明誠中学校
⑱浜松開誠館中学校
⑲静岡県西遠女子学園中学校
⑳浜松日体中学校
㉑浜松学芸中学校

愛知県

①[国立]愛知教育大学附属名古屋中学校
②愛知淑徳中学校
③（名古屋経済大学市邨中学校 / 名古屋経済大学高蔵中学校）
④金城学院中学校
⑤椙山女学園中学校
⑥東海中学校
⑦南山中学校男子部
⑧南山中学校女子部
⑨聖霊中学校
⑩滝中学校
⑪名古屋中学校
⑫大成中学校
⑬愛知中学校
⑭星城中学校
⑮名古屋葵大学中学校（名古屋女子大学中学校）
⑯愛知工業大学名電中学校
⑰海陽中等教育学校（特別給費生）
⑱海陽中等教育学校（I·II）
⑲中部大学春日丘中学校
新刊⑳名古屋国際中学校

三重県

①[国立]三重大学教育学部附属中学校
②暁中学校
③海星中学校
④四日市メリノール学院中学校
⑤高田中学校
⑥セントヨゼフ女子学園中学校
⑦三重中学校
⑧皇學館中学校
⑨鈴鹿中等教育学校
⑩津田学園中学校

滋賀県

①[国立]滋賀大学教育学部附属中学校
②[県立]（河瀬中学校 / 守山中学校 / 水口東中学校）

京都府

①[国立]京都教育大学附属桃山中学校
②[府立]洛北高等学校附属中学校
③[府立]園部高等学校附属中学校
④[府立]福知山高等学校附属中学校
⑤[府立]南陽高等学校附属中学校
⑥[市立]西京高等学校附属中学校
⑦同志社中学校
⑧洛星中学校
⑨洛南高等学校附属中学校
⑩立命館中学校
⑪同志社国際中学校
⑫同志社女子中学校（前期日程）
⑬同志社女子中学校（後期日程）

大阪府

①[国立]大阪教育大学附属天王寺中学校
②[国立]大阪教育大学附属平野中学校
③[国立]大阪教育大学附属池田中学校

④[府立]富田林中学校
⑤[府立]咲くやこの花中学校
⑥[府立]水都国際中学校
⑦清風中学校
⑧高槻中学校（A日程）
⑨高槻中学校（B日程）
⑩明星中学校
⑪大阪女学院中学校
⑫大谷中学校
⑬四天王寺中学校
⑭帝塚山学院中学校
⑮大阪国際中学校
⑯大阪桐蔭中学校
⑰開明中学校
⑱関西大学第一中学校
⑲近畿大学附属中学校
⑳金蘭千里中学校
㉑金光八尾中学校
㉒清風南海中学校
㉓帝塚山学院泉ヶ丘中学校
㉔同志社香里中学校
㉕初芝立命館中学校
㉖関西大学中等部
㉗大阪星光学院中学校

兵庫県

①[国立]神戸大学附属中等教育学校
②[県立]兵庫県立大学附属中学校
③雲雀丘学園中学校
④関西学院中学部
⑤神戸女学院中学部
⑥甲陽学院中学校
⑦甲南中学校
⑧甲南女子中学校
⑨灘中学校
⑩親和中学校
⑪神戸海星女子学院中学校
⑫滝川中学校
⑬啓明学院中学校
⑭三田学園中学校
⑮淳心学院中学校
⑯仁川学院中学校
⑰六甲学院中学校
⑱須磨学園中学校(第1回入試)
⑲須磨学園中学校(第2回入試)
⑳須磨学園中学校(第3回入試)
㉑白陵中学校
㉒夙川中学校

奈良県

①[国立]奈良女子大学附属中等教育学校
②[国立]奈良教育大学附属中学校
③[県立]
国際中学校
青翔中学校
④[市立]一条高等学校附属中学校
⑤帝塚山中学校
⑥東大寺学園中学校
⑦奈良学園中学校
⑧西大和学園中学校

和歌山県

①[県立]
古佐田丘中学校
向陽中学校
桐蔭中学校
日高高等学校附属中学校
田辺中学校
②智辯学園和歌山中学校
③近畿大学附属和歌山中学校
④開智中学校

岡山県

①[県立]岡山操山中学校
②[県立]倉敷天城中学校
③[県立]岡山大安寺中等教育学校
④[県立]津山中学校
⑤岡山中学校
⑥清心中学校
⑦岡山白陵中学校
⑧金光学園中学校
⑨就実中学校
⑩岡山理科大学附属中学校
⑪山陽学園中学校

広島県

①[国立]広島大学附属中学校
②[国立]広島大学附属福山中学校
③[県立]広島中学校
④[県立]三次中学校
⑤[県立]広島叡智学園中学校
⑥[市立]広島中等教育学校
⑦[市立]福山中学校
⑧広島学院中学校
⑨広島女学院中学校
⑩修道中学校
⑪崇徳中学校
⑫比治山女子中学校
⑬福山暁の星女子中学校
⑭安田女子中学校
⑮広島なぎさ中学校
⑯広島城北中学校
⑰近畿大学附属広島中学校福山校
⑱盈進中学校
⑲如水館中学校
⑳ノートルダム清心中学校
㉑銀河学院中学校
㉒近畿大学附属広島中学校東広島校
㉓AICJ中学校
㉔広島国際学院中学校
㉕広島修道大学ひろしま協創中学校

山口県

①[県立]
下関中等教育学校
高森みどり中学校
②野田学園中学校

徳島県

①[県立]
富岡東中学校
川島中学校
城ノ内中等教育学校
②徳島文理中学校

香川県

①大手前丸亀中学校
②香川誠陵中学校

愛媛県

①[県立]
今治東中等教育学校
松山西中等教育学校
②愛光中学校
③済美平成中等教育学校
④新田青雲中等教育学校

高知県

①[県立]
安芸中学校
高知国際中学校
中村中学校

福岡県

①［国立］福岡教育大学附属中学校（福岡·小倉·久留米）
②［県立］育徳館中学校
門司学園中学校
宗像中学校
嘉穂高等学校附属中学校
輝翔館中等教育学校
③西南学院中学校
④上智福岡中学校
⑤福岡女学院中学校
⑥福岡雙葉中学校
⑦照曜館中学校
⑧筑紫女学園中学校
⑨敬愛中学校
⑩久留米大学附設中学校
⑪飯塚日新館中学校
⑫明治学園中学校
⑬小倉日新館中学校
⑭久留米信愛中学校
⑮中村学園女子中学校
⑯福岡大学附属大濠中学校
⑰筑陽学園中学校
⑱九州国際大学付属中学校
⑲博多女子中学校
⑳東福岡自彊館中学校
㉑八女学院中学校

佐賀県

①［県立］香楠中学校
致遠館中学校
唐津東中学校
武雄青陵中学校
②弘学館中学校
③東明館中学校
④佐賀清和中学校
⑤成穎中学校
⑥早稲田佐賀中学校

長崎県

①［県立］長崎東中学校
佐世保北中学校
諫早高等学校附属中学校
②青雲中学校
③長崎南山中学校
④長崎日本大学中学校
⑤海星中学校

熊本県

①［県立］玉名高等学校附属中学校
宇土中学校
八代中学校
②真和中学校
③九州学院中学校
④ルーテル学院中学校
⑤熊本信愛女学院中学校
⑥熊本マリスト学園中学校
⑦熊本学園大学付属中学校

大分県

①［県立］大分豊府中学校
②岩田中学校

宮崎県

①［県立］五ヶ瀬中等教育学校
②［県立］宮崎西高等学校附属中学校
都城泉ヶ丘高等学校附属中学校
③宮崎日本大学中学校
④日向学院中学校
⑤宮崎第一中学校

鹿児島県

①［県立］楠隼中学校
②［市立］鹿児島玉龍中学校
③鹿児島修学館中学校
④ラ・サール中学校
⑤志學館中等部

沖縄県

①［県立］与勝緑が丘中学校
開邦中学校
球陽中学校
名護高等学校附属桜中学校

もっと過去問シリーズ

北海道

北嶺中学校
7年分（算数・理科・社会）

静岡県

静岡大学教育学部附属中学校
（静岡·島田·浜松）
10年分（算数）

愛知県

愛知淑徳中学校
7年分（算数・理科・社会）
東海中学校
7年分（算数・理科・社会）
南山中学校男子部
7年分（算数・理科・社会）
南山中学校女子部
7年分（算数・理科・社会）
滝中学校
7年分（算数・理科・社会）
名古屋中学校
7年分（算数・理科・社会）

岡山県

岡山白陵中学校
7年分（算数・理科）

広島県

広島大学附属中学校
7年分（算数・理科・社会）
広島大学附属福山中学校
7年分（算数・理科・社会）
広島学院中学校
7年分（算数・理科・社会）
広島女学院中学校
7年分（算数・理科・社会）
修道中学校
7年分（算数・理科・社会）
ノートルダム清心中学校
7年分（算数・理科・社会）

愛媛県

愛光中学校
7年分（算数・理科・社会）

福岡県

福岡教育大学附属中学校
（福岡·小倉·久留米）
7年分（算数・理科・社会）
西南学院中学校
7年分（算数・理科・社会）
久留米大学附設中学校
7年分（算数・理科・社会）
福岡大学附属大濠中学校
7年分（算数・理科・社会）

佐賀県

早稲田佐賀中学校
7年分（算数・理科・社会）

長崎県

青雲中学校
7年分（算数・理科・社会）

鹿児島県

ラ·サール中学校
7年分（算数・理科・社会）

※もっと過去問シリーズは
国語の収録はありません。

教英出版
〒422-8054
静岡県静岡市駿河区南安倍3丁目12−28
TEL 054-288-2131
FAX 054-288-2133
詳しくは教英出版で検索
教英出版 検索
URL https://kyoei-syuppan.net/

令和六年度　福岡雙葉中学校入学試験問題　国語

（50分）

問題の都合上、文章を変更している部分があります

※答えはすべて解答用紙に記入しなさい
※字はていねいに、はっきりと書きなさい
※「、」や「。」や記号も一字に数えます

【一】次の文章を読み、後の問いに答えなさい。

1 地球が自転しているという考えは、最初はなかなか受け入れられませんでした。地球が動いているということに反対する人は、このように考えたのです。「もし地球が回っているとしたら、私がジャンプして空中にいる間に、地球は回っているので、着地した時はジャンプしたところからずれているはず。ジャンプしたまさにその地点に着地できるのだから、地球が回っているはずがない」

――なるほど、納得（なっとく）してしまいそうです。①この反論に対し、正しく答えられますか？

2 この反論に対する答えは、「慣性の法則」です。慣性の法則とは、物体に力が加わっていない場合、その物体は等速直線運動（注）をし続ける、という法則です。分かりやすい例を考えてみます。あなたが動いている電車に乗っていて、その中でボールを落とすと、②図1のようにちゃんと足元に落ちますね。これはなぜでしょう？「電車の中の空気に押されるから」と答える人もいるかもしれませんが、残念ながら違います。オープンカーのような、空気に押されないような環境で実験しても、ちゃんと足元に落ちます。では、なぜ足元に落ちるのか、それを説明するのが慣性の法則です。電車の中でボールを持っている場合、そのボールも電車と同じスピードで横方向に移動しています。手を離したことで、上下方向には新たに重力という力が加わるので、ボールは下に移動しますが（すなわち落ちる）、手を離しても、横方向に新たに加わる力はありません。［A］慣性の法則により、横方向の運動の状態は変化せず、横方向には同じ速度で移動し続けるので、そのボールは足元に落ちるのです。

3 これは地球上でジャンプする時も同じです。私たちは地球と同じ速度で回っていて、それはジャンプしている間も同じです。だから、ちゃんとジャンプした地点に着地できるのです。よって、これは地球が動いていない証拠にはなりません。

4 慣性の法則は一見「日常生活から学ぶ常識」に反しているように思います。一般には、まっすぐ進んでいても、いずれは止まってしまいます。これでは、慣性の法則に反して「力を加え続けないと同じ速度を維持できない」と思ってしまうのも無理はありません。［ B ］動いている物がいずれ止まってしまうのは、摩擦や空気抵抗というブレーキの力が働いているからなのです。

5 地球が自転している証拠として有名なものに「フーコーの振り子」というものがあります。1851年にレオン・フーコーが公開実験によって、地球の自転を初めて実験的に示したとされています。今ではフーコーの振り子は日本でもいくつかの科学館などで見ることができます。機会があればぜひ見てみてください。

6 フーコーの振り子をしばらくの間ずっと見ていると、その③振れている方向（振動面）が、北半球では時計回りに（図2）、南半球では反時計回りにゆっくりと回転していきます。科学館ではこれを分かりやすく表現するため、時間が経つとその振り子がドミノを倒すような仕組みになっていることが多いです。この振動面の回転こそが地球が自転している証拠です。

（津村　耕司『天文学者に素朴な疑問をぶつけたら宇宙科学の最先端までわかったはなし』より）

注　等速直線運動……まっすぐに進む物体の速さが一定である動きのこと。

図１

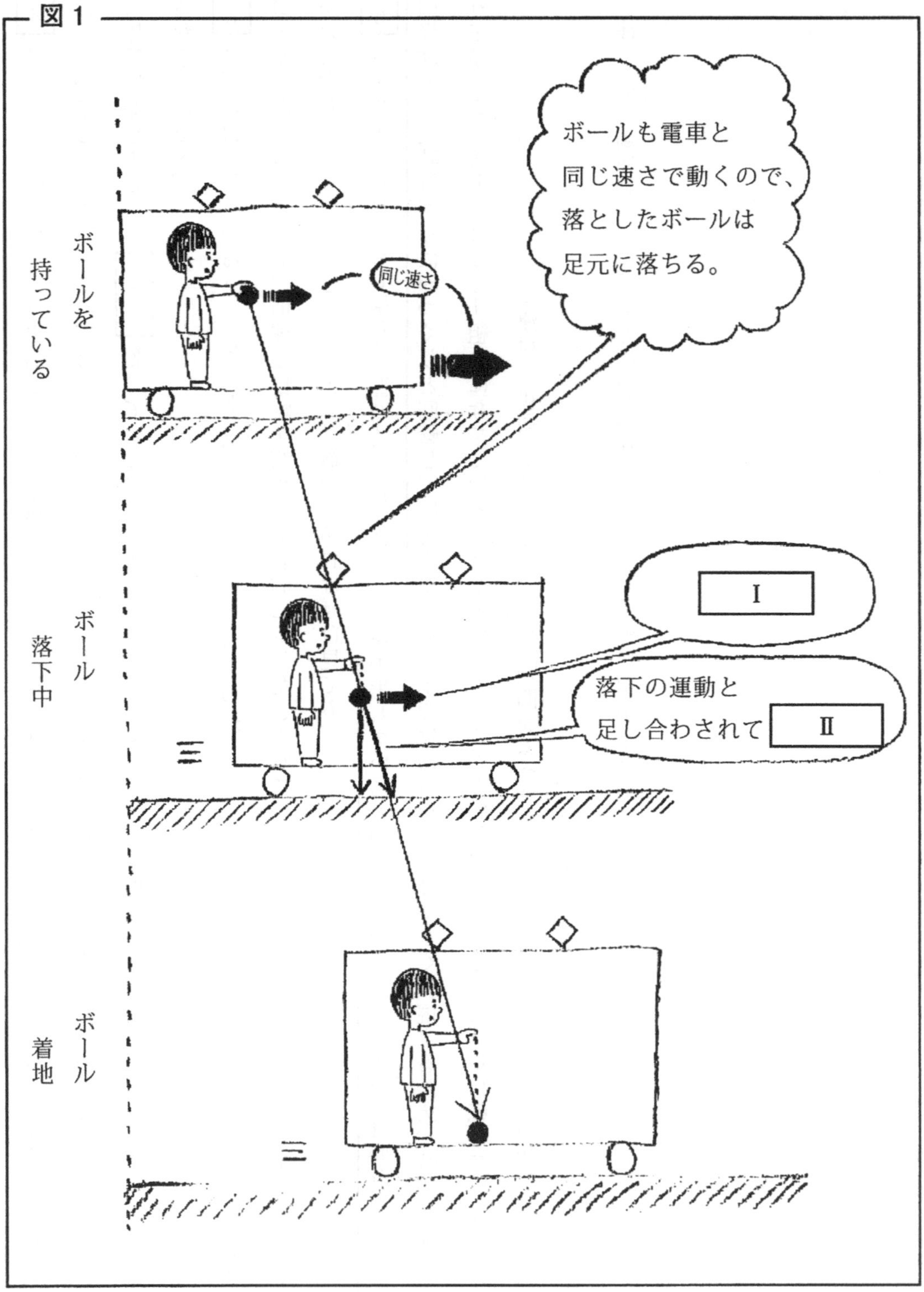
ボールを持っている
同じ速さ
ボールも電車と
同じ速さで動くので、
落としたボールは
足元に落ちる。
ボール落下中
Ⅰ
落下の運動と
足し合わされて
Ⅱ
ボール着地

図２

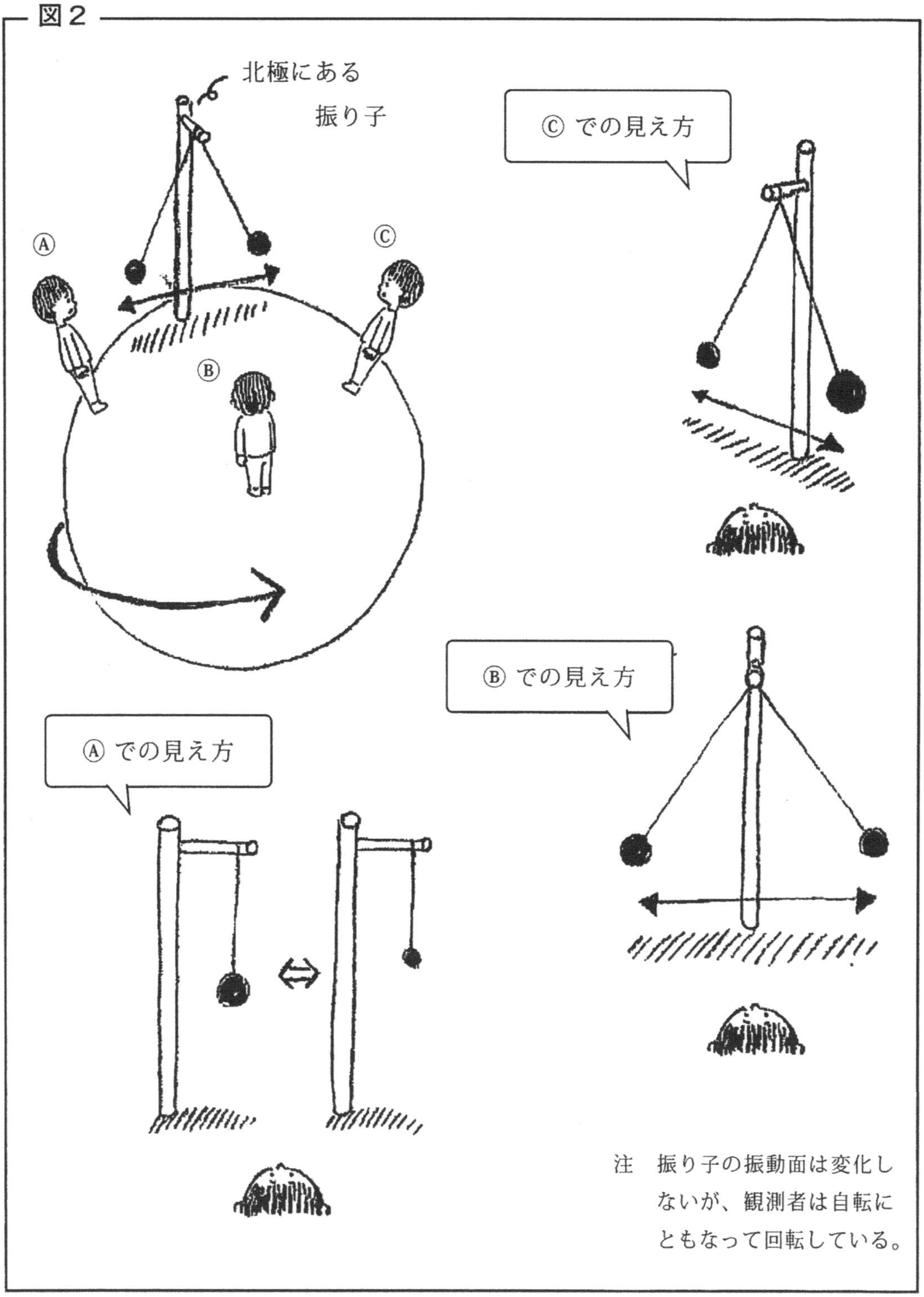
北極にある
振り子
Ⓐ
Ⓑ
Ⓒ
Ⓒ での見え方
Ⓑ での見え方
Ⓐ での見え方
注　振り子の振動面は変化しないが、観測者は自転にともなって回転している。

(一) 空らん [A]、[B] に入る言葉として最も適当なものを、次のア～オの中からそれぞれ一つずつ選び、記号で答えなさい。

ア あるいは　イ しかし　ウ ところで　エ さらに　オ したがって

(二) 次の文を本文に入れる場合、どの段落の終わりに入れるとよいですか。段落番号 [1]～[6] の数字で答えなさい。

例えば宇宙空間のように、真空なので空気抵抗も無ければ、宙に浮いているので摩擦も無い状態でボールをポンと押すと、そのボールは止まることなくまっすぐ進み続けます。

(三) ――線部①「この反論に対し、正しく答えられますか?」とありますが、これに対する答えをまとめた次の文の（　）に入る言葉を、（ X ）は本文中から五字で抜き出し、（ Y ）は本文中の言葉を使って二十字以内で答えなさい。

私たちは「（ X ）」により、ジャンプしている間も（ Y ）ため、反論の内容は「地球が動いていない」ということの理由にはならない。

(四) ――線部②「図1」について、図のふきだし内の空らん [I]、[II] に入る解説として正しいものを、次のア～オの中からそれぞれ一つずつ選び、記号で答えなさい。

ア ボールは電車と同じ速度で横に動き続けている。
イ ボールは電車と同じ速度で下に動き続けている。

ウ　外から見るとボールはななめに動いている。
エ　外から見るとボールはずっと止まっている。
オ　外から見るとボールは同じ速さで落下している。

（五）――線部③「振れている方向（振動面）が～回転していきます」について、次の各問いに答えなさい。

（1）図2の役割についての説明として最も適当なものを、次のア～エの中から一つ選び、記号で答えなさい。
ア　北極にある振り子は時計回りに動くので、北半球ではどの位置から見ても振り子が時計回りに動くのを見られることを分かりやすく説明する効果。
イ　北極にある振り子は時計回りに動くが、北半球での見る位置によって反時計回りになる可能性もあることを分かりやすく説明する効果。
ウ　地球は時計回りに自転しているので、北半球でも振動面が地球の自転と同じ方向に動いているように見えることを分かりやすく説明する効果。
エ　地球は反時計回りに自転しているので、北半球では振動面が地球の自転とは逆方向に動いているように見えることを分かりやすく説明する効果。

（2）もしも赤道（地球の中心を通り、自転する軸に垂直な平面が地表と交わる線）で「フーコーの振り子」の実験をしたら、どのような実験結果になると考えられますか。北半球や南半球の振り子の動きと比較しながら、理由を合わせて答えなさい。

【二】次の文章を読み、後の問いに答えなさい。

わたし（アカリ）はコロナウイルスの影響で学校が休校になり、自宅で過ごす時間が増えた。両親はテレワーク（パソコンやスマートフォンなどを活用した、場所や時間に制限がない働き方）になり、アカリはオンライン授業になった。次の文章はオンライン授業を終えたアカリが自室から出てダイニングに向かった時に、テレワーク中の母親の声が聞こえてきた場面である。

母親の声なのはすぐにわかった。けれど、声質もその高さも、言い方もわたしが知っているいつものとは違う。わたしはビクッとして、扉(とびら)の前で立ち止まってしまった。①そっとドアを開ける。

「ええ。わかるよ、それは。でもね」

母親はマイクが口元まで伸(の)びているヘッドセット[注1]をしながらノートパソコンに向かって話していたから、わたしに気付いていない。じっとパソコンを見つめている。

わたしは半分ドアを開けたままで、母親の横顔を眺(なが)めた。

どう言ったらいいのだろう。そこにはわたしが見たことのない母親の表情があった。すごく冷静で落ち着いていて、力強さがあった。

「仕事は[注2]マニュアル通りにするものじゃないよ、中田さん。相手はロボットじゃないでしょ。顔色をうかがう必要はないけれど、相手の気持ちは想像した方が絶対にうまく行くから。ね」

母親は口元に少し笑(え)みを浮かべた。それからまた真顔になって、「[注3]進捗状況(しんちょくじょうきょう)は、わたしにもわかるようにしておいてください。では、明日」と言った。

母親はヘッドセットの後ろ側のボタンを押した。マイクを切ったのだろう。

それから無表情でキーボードを打ち始めた。この顔だって、見たことがない。

わたしの心臓はドキドキしてきた。②<u>どうしてかわからないけれど、ダイニングに入ることができなかった。</u>

わたしはドアを閉めることもせずに、その場を立ち去った。そしてその［ A ］で、玄関(げんかん)を入ってすぐにある部屋、父親がテレワークをしている客間のドアの前に立った。開けたら気付かれそうで、わたしは聞き［ B ］を立てた。

何をしているのだろう、わたし。

父親の声がドアの向こうでする。はっきりとはわからないかと思ったら、大きめの声で話していて聞こえる。

「この前の調査では、少し甘(あま)みが勝つという意見もありましたので、そこを改善したサンプルを今、作ってもらっています。え、ええ。もちろんそのときはわたしも工場に出向きます。それと、来年の商品のラインナップ(注4)の件ですけれど、」

表情はわからないけれど、声の調子がやっぱりいつもとは違う。それに敬語で話している。相手は【 ③ 】？

わたしは父親の表情を見たいと思ったし、見たくないとも思った。どっちが自分の本当の気持ちなのかよくわからなかった。

「子どもから若年層(じゃくねんそう)へ少しシフト(注5)した商品を考えてみたいのですが」

ドアノブに手を掛(か)けた。手を掛けてみてから、あ、父親は今仕事中だから、気を散らさせてはいけないと気付いて自分の馬(ば)鹿(か)さ加減にあきれた。それから、母親の場合には、④<u>そんなことを考えもしないでドアを開けようとした自分にも気付いた。</u>

どうして考えなかったのだろう？

わたしは、廊下(ろうか)の物置からミネラルウォーターを一本取り、空っぽの水筒(すいとう)と一緒に持って自室に戻った。やっぱり宿題をする気にはなれずに、ミネラルウォーターを飲みながら、さっき見聞きした母親の表情や声や話し方、父親の話し声を思い出していた。

今まで知らなかった両親を。

もちろん、それが仕事中の姿なのだって言うのはわかる。わたしに向ける表情や声と違っても不思議はないって言うのもわかる。わかるけど、わかるのと知るのとは別のことだ。

わたしは、両親のあんな姿を知らなかった。

⑤親には、わたしが知っている側の世界と、わたしが知らない側の世界があって、わたしはさっき、知らない側をちらりと見たのだ。

ほんの少しの間だけれど、すごい経験をしたような気がする。

それはそうだよな。あんな親は会社まで出かけないと見られないのだから。しかも、こっそり覗（のぞ）く必要がある。もしわたしが遊びに行かせてもらえたとしても、そのときはきっとニコニコ顔で迎（むか）えてくれる。決してあんな表情や声はわたしの前でさらさない。

あれは、テレワークのおかげで見られた表情や声なのだ。だとしたら、それはもう、⑥本当にたまたまなことで、普通（ふつう）なら絶対に知ることはできないのだ。

（ひこ・田中『君色パレット』「親がいる。」より）

注1　ヘッドセット……マイク付きイヤホン・ヘッドホン。

2　マニュアル……手引き書、ハンドブック。

3 進捗……物事の進み具合。
4 ラインナップ……品ぞろえ。
5 シフト……場所、方向、状況などを変えること。

（一）空らん［A］、［B］にあてはまる言葉として最も適当なものを、次のア～オの中からそれぞれ一つずつ選び、記号で答えなさい。

ア 頭　イ 腕　ウ 耳　エ 足　オ 手

（二）――線部①「そっとドアを開ける」とありますが、「わたし」が「そっとドアを開け」たときの気持ちの説明として最も適当なものを、次のア～エの中から一つ選び、記号で答えなさい。

ア 母親の声がいつも聞いているものとは違ったため、母親以外にも人がいるのではないかと恐怖におびえている。
イ 母親の声がいつも聞いているものとは違ったため、いつも通りにドアを開けても良いかどうか戸惑っている。
ウ 母親の声がいつも聞いているものとは違ったため、仕事に追われ、つかれているのではないかと心配している。
エ 母親の声がいつも聞いているものとは違ったため、ドアを開けたら怒られるのではないかと不安に思っている。

（三）――線部②「どうしてかわからないけれど、ダイニングに入ることができなかった」とありますが、「ダイニングに入ることができなかった」のはなぜだと考えられますか。解答らんに続くように本文中から二十字以内で抜き出して答えなさい。

（四）空らん【　③　】に入る文として最も適当なものを、次のア～エの中から一つ選び、記号で答えなさい。

ア　会社の偉い人なのだろうか

イ　お父さんでも怖い人なのだろうか

ウ　甘いものが苦手な人なのだろうか

エ　私の存在に気付いているのだろうか

（五）――線部④について、「そんなこと」の指す内容を本文中の言葉を使って二十五字程度で答えなさい。

（六）――線部⑤について、（Ⅰ）「知っている側の世界」と（Ⅱ）「知らない側の世界」とは、両親のどのような様子を指していると考えられますか。それぞれ自分で考えてわかりやすく説明しなさい。

（七）――線部⑥「たまたま」と同じ意味の言葉として最も適当なものを、次のア～エの中から一つ選び、記号で答えなさい。

ア　しぜん　　イ　とうぜん　　ウ　ぐうぜん　　エ　ひつぜん

（八）次の会話文は、この作品を読んだ感想について花子さんと葉子さんが話し合ったものです。空らん［A］、［B］にあてはまるように自分の経験をもとに文を考え、会話文を完成させなさい。また、解答は解答らんの大きさに合わせて答えること。

（花子さん）コロナウイルスの影響で休校が続いたときは、本当につらかったよね。
（葉子さん）そうだね。私の家ではいつもお父さんは私より早く家を出て、帰ってくるのも私が寝てからっていうのが多かったから、アカリさんと同じように親と家の中でほぼ毎日ずっと一緒にいるのはとても不思議な気持ちだったよ。
（花子さん）なんだか長すぎる夏休みって感じだったね。そうやって家の中にずっといることで気付いたことも多かったなあ。
（葉子さん）たしかに。私は良かったことと悪かったことどっちもあるかも。
（花子さん）それはどんなこと？
（葉子さん）うーん…家族のこともあるし、学校とか勉強のこともあるかな。
（花子さん）私もそうかも。
（葉子さん）だよね！　具体的に言うと、家族のことでは、[A]に気付いたよ。学校や勉強のことでは、[B]に気付いたなあ。
（花子さん）なるほどね。最近はコロナウイルスの影響も少なくなってきたから、休校期間中に感じた、当たり前の日常が当たり前ではないということに感謝しながら毎日生活していきたいね。

【三】次の各問いに答えなさい。

（一）次の①、②の類義語、③、④の対義語を、後の□内のひらがなからそれぞれ一つずつ選び、漢字で答えなさい。

① 欠点　② 進歩　③ 義務　④ 寒冷

はったつ・けんり・おんだん・たんしょ

（二）次の①、②の（　）に漢字を一字入れて、下の意味を表す慣用句を完成させなさい。

①（　）が置けない　……　打ちとけて接することができること。

②（　）に流す　……　過去のことをなかったことにすること。

（三）次の①、②の意味を表す故事成語として最も適当なものを、次のア～エの中からそれぞれ一つずつ選び、記号で答えなさい。

① 一歩もあとにはひけない、せっぱつまった状況に身を置いて、決死の覚悟で事にあたること。

② 小さなちがいはあるが、たいした変わりはないこと。似たりよったり。

ア 背水の陣　イ 矛盾　ウ 五十歩百歩　エ 他山の石

（四）次の①、②の――線部の敬語の使い方が正しければ「○」を書き、まちがっていれば正しい敬語表現に直して答えなさい。

① その仕事は、私がなさいます。

② 社長は、たった今こちらにいらっしゃったところです。

【四】 次の①～⑩の——線部のカタカナは漢字に直し、漢字は読みをひらがなで答えなさい。

① いまだかつて足を踏み入れたことのない**リョウイキ**だ。

② 大型台風の**ヨハ**で海が荒（あ）れている。

③ めんどうな工程を一部**ショウリャク**する。

④ この時計は、あまり**ゴサ**が生じない。

⑤ 新しい商品を**ソウコ**から出す。

⑥ 先日の同窓会（どうそうかい）で、**オンシ**と再会することができた。

⑦ ペットボトルのお茶をコップに**ソソ**ぐ。

⑧ 線路に**ソ**って歩いていく。

⑨ だんだんすずしくなってきて、秋の**気配**を感じる。

⑩ 旅行で訪れたい国の**治安**を調べる。

(50分)

令和６年度　福岡雙葉中学校　入学試験問題

1 次の計算をしなさい。ただし，(5) は $\square$ にあてはまる数を答えなさい。

(1) $4\times8-12\div3$

(2) $\left(\frac{2}{3}\div\frac{3}{4}-\frac{5}{6}\right)\times18$

(3) $81\div(2.3-0.68)$

(4) $32.5\times107-325\times6.7$

(5) $\left\{114-\left(\square-4\right)\times2\right\}\div3=22$

2 次の問いに答えなさい。

(1) 次の比を簡単にしなさい。

$\frac{1}{2}:\frac{2}{3}$

(2) 3 を 50 回かけてできる数の一の位の数字を求めなさい。

(3) ある駅を，電車は 6 分おきに，バスは 8 分おきに発車しています。午前 7 時に電車とバスが同時に発車したあと，午前 10 時までに何回同時に発車しますか。

(4) クリスマス会をするために，1 人 300 円ずつ集めると 1500 円不足します。1 人 350 円ずつ集めると 750 円余ります。クリスマス会の費用を求めなさい。

(5) 午前 7 時 40 分に家を出て，2 km はなれた学校まで毎分 80 m の速さで歩いて行きました。学校に着くのは何時何分ですか。

5　図のような直方体の形をした容器がある。給水管 A，B は同じ量で給水し，一定の割合で容器に水をためる。また，はい水管 C は毎分 2 L の割合で水を出す。1 枚の仕切りを使って容器を区切るとき，はい水管 C がついていない底面を①とする。いま，給水管 A，B とはい水管 C を同時に開けて容器に水をためていく。下のグラフは水を入れ始めてからの時間と底面①から水面までの高さを表したものである。このとき，次の問いに答えなさい。ただし，容器や仕切りの厚さは考えないものとする。

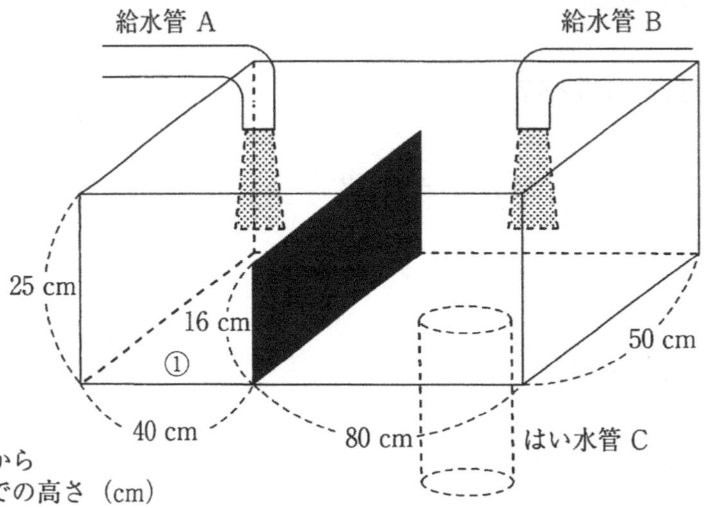

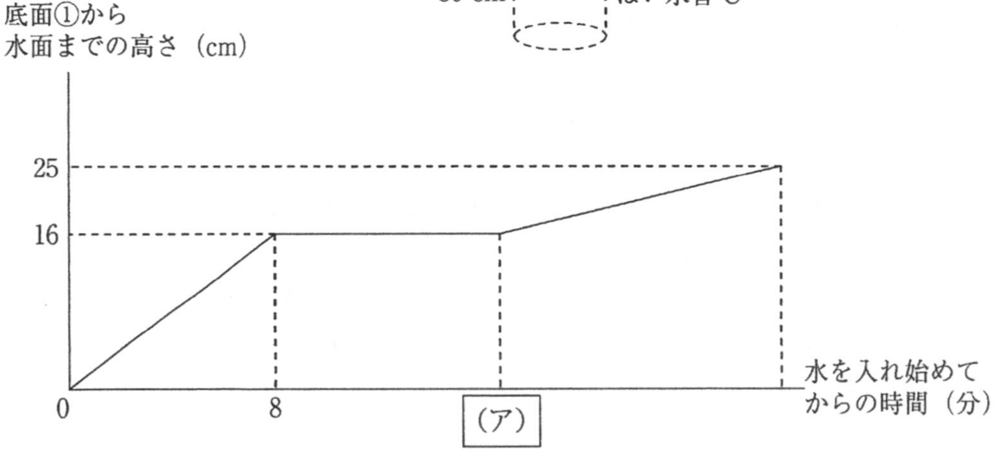

(1)　給水管 A からは，毎分何 L の水が出ますか。

(2)　グラフの （ア） に入る数を答えなさい。

(3)　容器がいっぱいになるのは，水を入れ始めてから何分後ですか。

(4)　水を入れ始めてから 16 分後にはい水管 C を閉めて水が出ないようにしたとすると，容器がいっぱいになるのは水を入れ始めてから何分何秒後ですか。

令和６年度　福岡雙葉中学校　入学試験問題　理科

(30分)

夏休みのある日、いずみさんとかずくんは、いずみさんのおばあさんの家へ遊びに行きました。いずみさんのおばあさんの家のまわりは自然にあふれており、理科が大好きなかずくんは、ワクワクしています。「かずくん、とてもうれしそうだね。」そして、かずくんは、きらきらと目を輝(かがや)かせながらこう言いました。「あそこに大きな木があるでしょ。あそこにツリーハウスをつくってみたいな。」「ツリーハウスって何？」「ツリーハウスとは、樹木を基礎(きそ)にした木造の小屋のことだよ。たくさんの木材を上の方まで持ち上げないといけないから大変そうだな…あれを使えば良さそうだな…いやまてよ…うーん…」かずくんの妄想(もうそう)はとまりません。いずみさんは聞かなければよかったと少し後悔(こうかい)しています。

ツリーハウス

問１　図１のような装置をつかって木材を持ち上げるとき、この木材を小さな力で持ち上げるためには、支点を**点Ａ**と**点Ｂ**のどちらに近づける方がよいですか。

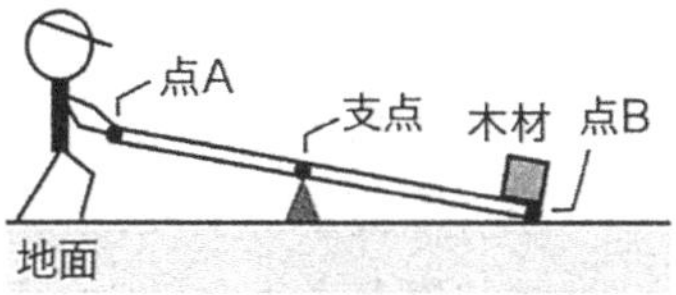

図１

問２　図２のような装置をつかって、Ｌ字の木材を持ち上げるとき、てこのはたらきをする位置として、正しい組み合わせを次の**ア**～**エ**の中から１つ選び、記号で答えなさい。

ア　**点Ａ**：支点　**点Ｏ**：力点　**点Ｂ**：作用点
イ　**点Ａ**：力点　**点Ｏ**：作用点　**点Ｂ**：支点
ウ　**点Ａ**：支点　**点Ｏ**：作用点　**点Ｂ**：力点
エ　**点Ａ**：力点　**点Ｏ**：支点　**点Ｂ**：作用点

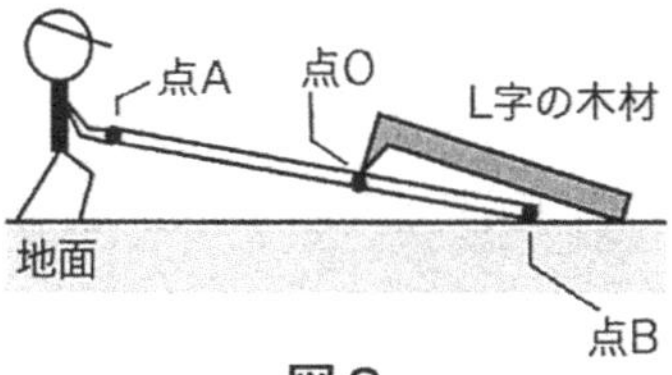

図２

問３　図３のように、ツリーハウスの床(ゆか)上に板を持ち上げるために、滑車にロープを通して一方の端(はし)と板を結び、ロープを引っ張りました。しかし、重くてなかなか持ち上げることができませんでした。板を持ち上げる方法としてもっとも効果的と思われるものを、次の**ア**～**ウ**の中から１つ選び、記号で答えなさい。

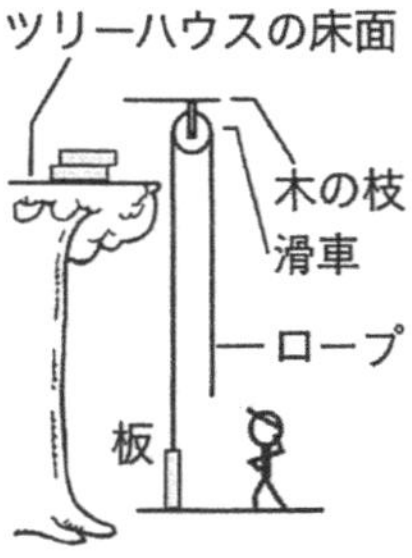

図３

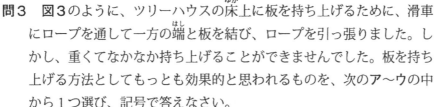

ア　ロープの両端に同じ重さの板を結びつけ、一方の端の板を引いて、板を持ち上げる。
イ　ロープの一方に板を結びつけ、もう一方のロープを勢いよく引いて、板を持ち上げる。
ウ　ロープの一方に板を結びつけ、もう一方を地面に固定した滑車を通して引き、板を持ち上げる。

（その２）

問11　次の**写真１～写真３**は、福岡市を流れる川の上流、中流、下流のいずれかの川原（かわら）の様子を同じ倍率で撮影したものです。あとの**ア～カ**から適当な組み合わせを１つ選び、記号で答えなさい。また、それを選んだ理由を説明しなさい。

写真１

写真２

写真３

ア　**写真１**：上流　**写真２**：中流　**写真３**：下流
イ　**写真１**：上流　**写真２**：下流　**写真３**：中流
ウ　**写真１**：中流　**写真２**：上流　**写真３**：下流
エ　**写真１**：中流　**写真２**：下流　**写真３**：上流
オ　**写真１**：下流　**写真２**：上流　**写真３**：中流
カ　**写真１**：下流　**写真２**：中流　**写真３**：上流

問12　川の下流で見られる石や砂は、川の上流から運ばれてきたものです。このような川の水のはたらきを何といいますか。

問13　川の上流から下流における水の流れを説明している次の**ア～オ**の文のうち、正しいものを**２つ**選び、記号で答えなさい。

ア　川の上流では、川幅がせまく、川の流れが速い。
イ　川の中流では、川幅がとても広く、川の流れが遅い。
ウ　川の中流では、土地の傾きはやや小さく、運ばれてきた土や砂で三角州をつくることがある。
エ　川の下流では、土地の傾きが大きく、深くけわしい谷になっている。
オ　川の下流では、土地の傾きは小さく、川の流れがゆるやかなところに、広い川原がみられる。

「いっぱい遊んだから汗をかいたね。今年の夏の平均気温は過去最高になるらしいよ。今日も昼過ぎには35℃を上回っていたみたい。」と、かずくんは梅ジュースを飲みながら言いました。家に着くとすぐに、雷が鳴り響き、黒い雲も近づいてきました。「台風も発生したみたいだし、こわいな…。」「きちんと備えていれば大丈夫だよ。いずみちゃんには、ぼくがついているから安心して。」いずみさんは、少しドキッとしました。

問14　一日の最高気温が25℃以上になる日を夏日といいます。35℃以上になる日を、何といいますか。

問15　文中の下線部について、この近づいてくる雲の種類を何といいますか。

問16　雷が光ってから７秒後にゴロゴロという音が聞こえました。雷は、何m離れた場所で発生したと考えられますか。音の伝わる速さを１秒間に340mとして答えなさい。

問17　雨が降り出す前には、突然冷たい風が吹いてくることもあります。このようなことが起こるのはなぜか、説明しなさい。

問18　台風が接近したときの対応として、**ふさわしくないもの**を次の**ア〜カ**から**すべて**選び、記号で答えなさい。

ア　避難所や安全な道を事前に確認しておく。
イ　生活に必要なものを事前に準備しておく。
ウ　風で飛ばされそうなものは、家の中にしまったり、固定したりしておく。
エ　テレビやスマートフォンなどで、台風や警報などの情報を常に確認しておく。
オ　避難するときにくつがぬれるかもしれないので、サンダルをはいて移動する。
カ　警報が発表されたら、どんな状況でも必ず避難所に避難する。

令和６年度　福岡雙葉中学校入学試験問題　社会

（30分）

1　なつきさんは夏休みの自由研究で日本の都道府県について調べ、都道府県の紹介カードを作成しました。これに関してあとの問１から問８に答えなさい。

A

関東地方の南西部にあり、沖合を暖流の黒潮が流れています。工業がさかんで、（　１　）工業地帯の中心地です。横浜や鎌倉など観光都市が多くあります。

B

古くから大陸との貿易を行う港町として発展した博多やａ工業都市として栄えた北九州があります。現在でもｂ中華人民共和国や大韓民国との交流がさかんです。

C

ｃ秋田県に隣接し、面積の大きさは（　２　）に次いで第２位です。奥州藤原氏が建立した平泉の＜　Ｘ　＞は世界遺産です。伝統工芸品では南部鉄器が有名です。

D

讃岐平野は＜　Ｙ　＞ため、讃岐山脈にトンネルを掘り、吉野川の水を引いてため池を設けています。また、讃岐うどんや小豆島のオリーブなども有名です。

E

この県には東経（　３　）度の日本標準時子午線が通っています。淡路島はタマネギの生産がさかんです。神戸港は横浜港と同じく日本を代表する貿易港です。

F

昔は日向国と呼ばれ、現在は沖縄県と並んでプロ野球のキャンプ地としても有名です。ｄ温暖な気候を活かした農業を行い、ピーマンの生産がさかんです。

問１　カードの中にある（　１　）～（　３　）にあてはまる語句を答えなさい。ただし、（　３　）には数字が入ります。

問２　空欄＜　Ｘ　＞に入る世界遺産の写真として正しいものを**ア～エ**から一つ選び、記号で答えなさい。

ア

イ

ウ

エ

問４　下線部ｃについて、次の資料は江戸幕府が定めた法律に関するものです。この法律を何といいますか、**漢字５文字**で答えなさい。

> 一　大名は、江戸と領地を交代して住むことを定める。毎年四月中に江戸に参勤すること。
> 一　五百石積み以上の船を造ることは禁止する。

問５　下線部ｄについて、この時代の出来事を並べ替えたとき**２番目にくる出来事**を次の**ア**～**エ**から一つ選び、記号で答えなさい。

ア　五箇条の御誓文が出された。　**イ**　大日本帝国憲法が定められた。
ウ　日本と清との間に戦争が起こった。　**エ**　西南戦争で西郷隆盛が敗れた。

問６　下線部ｅについて、次の史料はこの人物が政治を行うために制定した法律の一部です。この法律の名称を答えなさい。また、この法律の内容や出された時代について説明した文章のうち**誤っているもの**を次の**ア**～**エ**から一つ選び、記号で答えなさい。

> 第１条　人の和を大切にしましょう。　第２条　仏の教えをあつく敬いなさい。
> 第３条　天皇の命令には必ず従いましょう。　第５条　裁判は公平に行いましょう。
> 第12条　役人は勝手に貢(みつ)ぎ物をうばってはいけません。

ア　朝鮮半島の百済から伝わった仏教の思想を、大切にするように説かれている。
イ　天皇を中心とする政治の仕組みを作ろうとしていることが、想像できる。
ウ　この法律は政治を行う上で、役人の心構えについて書かれているものである。
エ　地方では、役人が租・庸・調などの貢(みつ)ぎ物を多くもらっていたことが読み取れる。

問７　下線部ｆについて、新千円札の裏側のデザインに採用される浮世絵を次の**ア**～**エ**から一つ選び、記号で答えなさい。

ア

イ

ウ

エ

3　次の文を読んで、あとの問1から問5に答えなさい。

下の写真は、2023年5月に日本の（　1　）でG7のトップらが参加する（　2　）（先進国首脳会議）が開かれた時のものです。日本での開催は7年ぶりでした。G7とは、日本・aアメリカ・イギリス・フランスなどのb7つの先進国の集まりです。1970年代に始まった当初は、c世界経済に関することが主な議題でした。その後、d環境問題などの地球規模の様々な課題について議論するようになりました。（　1　）は被爆地で、岸田首相の地元でもあります。核兵器による悲劇を二度と繰り返さないために、G7が結束する姿勢をアピールしたいとの思いがありました。

（首相官邸HPより）

問1　文中の（　1　）・（　2　）にあてはまる語句を答えなさい。

問2　下線部aの国について述べたA・Bの文章の正誤の組み合わせとして正しいものを下のア～エから一つ選び、記号で答えなさい。

A　この国が日本に設置している基地の半分以上が沖縄に集中している。

B　この国の首都には国際連合の本部が置かれている。

ア　A－正 B－正　　イ　A－正 B－誤　　ウ　A－誤 B－正　　エ　A－誤 B－誤

問3　下線部bについて、これに含まれない国を次のア～エから一つ選び、記号で答えなさい。

ア　ドイツ　　イ　イタリア　　ウ　カナダ　　エ　中国

五		六		七	八	
		I	II		A	B
25						

【三】

一	二	三	四
①	①	①	①
②	②	②	②
③			
④			

【四】

①	⑤	⑨
②	⑥	⑩
③	⑦ ぐ	
④	⑧ って	

五	六		七	八	
	I	II		A	B

一	二	三	四

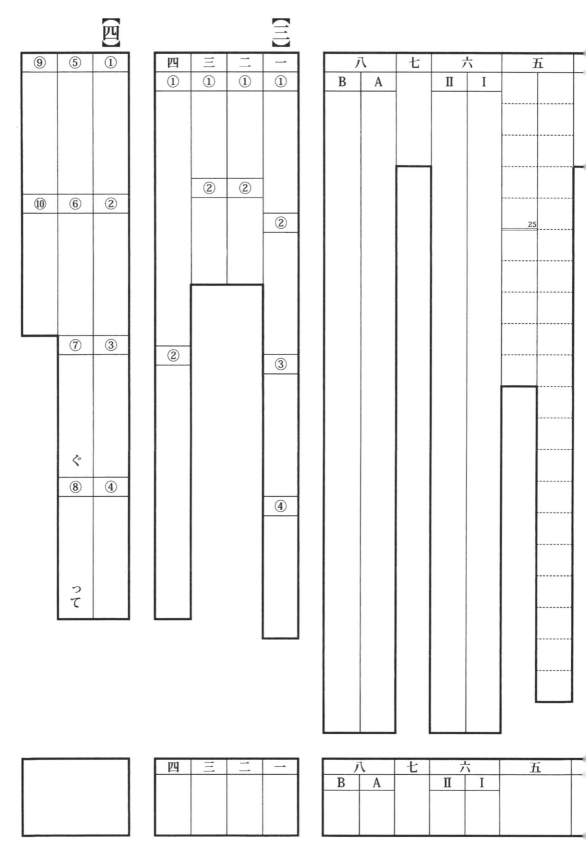

令和６年度　福岡雙葉中学校　入学試験　算数　解答用紙

1

(1)		(2)		(3)		(4)		(5)	

小　計

2

(1)	：	(2)		(3)	回
(4)	円	(5)	時　　分	(6)	m^3
(7)	度	(8)	cm^3		

小　計

3

(1)	本

小　計

令和６年度　福岡雙葉中学校入学試験　理科　解答用紙

問1　問2　問3　問4　枚

問5

問6　問7

問8	A	B	C

問9

問10

写真の記号	理由

【解答用

令和６年度　福岡雙葉中学校入学試験　社会解答用紙

1

問　1	(1)		(2)		(3)
問　2		問　3	工場名		
問　3	理由				
問　4		問　5			
問　6					
問　7		問　8			

小計

2

問　1	(1)		(2)		(3)
問　2		問　3		問　4	

【解答用

問　5		問　6	名称	記号	問　7	

小計

3

問　1	(1)			(2)	
問　2		問　3		問　4	
問　5					

小計

総点

※50点満点
（配点非公表）

受験番号		氏名	

問11

問12　　問13

問14　　問15　　問16　m

問17

問18　　問19

問20

受験番号		氏名		得点	※50点満点（配点非公表）

4

(1)	(ア)	cm³	(イ)	cm³
(2)	cm²	(3)	cm³	

小　計

5

(1)	毎分　　L	(2)	
(3)	分後	(4)	分　　秒後

小　計

総　点

※100点満点
（配点非公表）

受験番号		氏名	

令和六年度　福岡雙葉中学校入学試験　国語解答用紙

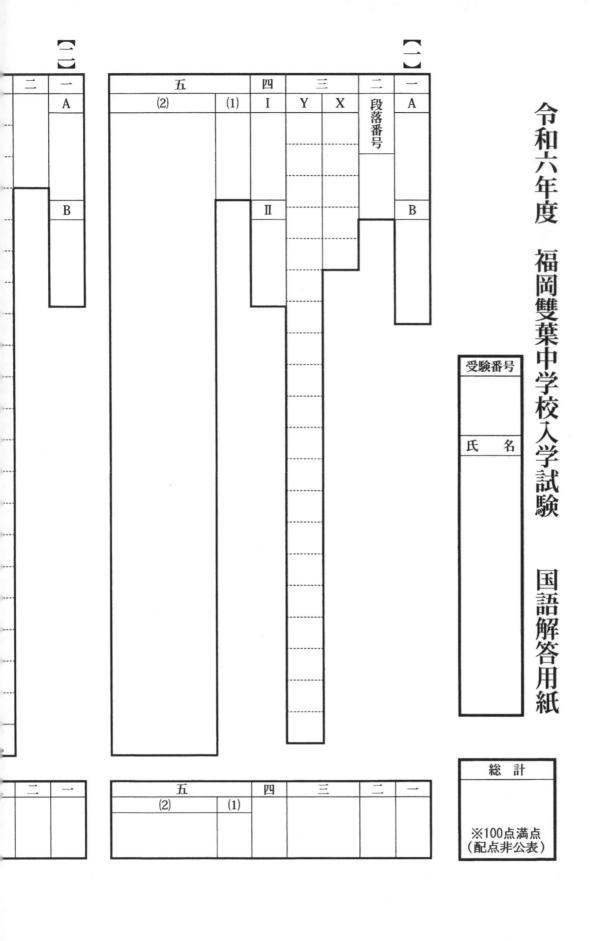

受験番号

氏　名

【一】

一		二	三		四		五	
A	B	段落番号	X	Y	I	II	(1)	(2)

【二】

一		二
A	B	

一	二	三	四	五	
				(1)	(2)

一	二

総　計
※100点満点 （配点非公表）

問４　下線部ｃについて、現在世界的な物価上昇が加速しています。その経済状況を表す語句を次の**ア～エ**から一つ選び、記号で答えなさい。

ア　デフレーション　　**イ**　インフレーション
ウ　パンデミック　　**エ**　オイル・ショック

問５　下線部ｄについて、現在起きている環境問題の一つに地球温暖化があげられます。その原因について説明しなさい。

2 福岡雙葉中学校のかおるさんといづみさんが「日本のお金」をテーマに調べ学習を行いました。その時の会話文を読んで、あとの問１から問７に答えなさい。

かおるさん：福岡雙葉の図書館は本がたくさんあって、いろいろなことを調べることができてとても便利だね。放課後に図書館に行くのが毎日の楽しみなの。

いづみさん：本当にそうだね。今読んでいる本には、奈良時代の貨幣(かへい)のことや**a** 鎌倉時代に多くの中国のお金が日本で使われたことも説明されているね。

かおるさん：お金が使われ始める前の人々はどのようにして生活していたのかな？

いづみさん：中国の歴史書『魏志』倭人伝によると、**b** 弥生時代に卑弥呼が治めていた（　**1**　）では収穫したものを税として納めさせたり、物を交換するための市もあったりしたみたいだよ。お金はなくても今みたいな税のシステムはあったんだね。

かおるさん：私が読んでいる本には**c** 江戸時代に使用された寛永通宝の写真があるよ。寛永通宝は江戸時代を通じて使用されていたみたいだね。

いづみさん：今、私たちが使っている紙幣が登場したのはいつだろう？

かおるさん：**d** 明治時代になると５円札や10円札が登場しているね。今は５円も10円も小銭だけど昔は紙幣だったんだ。なんだか不思議な感じだね。

いづみさん：今年（2024年）はいよいよ新しい紙幣が発行されるね。これまでにお札の肖像画になった人は知っている？

かおるさん：**e** 聖徳太子や夏目漱石は有名だよね。あとは『学問のすゝめ(すすめ)』を書いた（　**2**　）は私が生まれてからずっと１万円の人っていうイメージがあるなあ。

いづみさん：確かに。その一万円札の肖像画も新しく（　**3**　）に代わるみたいだね。この人は日本の銀行制度やたくさんの会社を設立した人としても有名だね。

かおるさん：ちなみに、お札の裏面のデザインも変わるみたいだよ。一万円札は東京駅、千円札は**f** 浮世絵になるんだって。

いづみさん：それは楽しみだね。もっと色々と調べてみよう。

問１　文中の（　**1**　）～（　**3**　）にあてはまる語句を答えなさい。

問２　下線部**a**について、鎌倉時代に将軍を補佐した役職として正しいものを次の**ア～エ**から一つ選び、記号で答えなさい。

ア　関白　　**イ**　摂政　　**ウ**　老中　　**エ**　執権

問３　下線部**b**について、弥生時代の説明として正しいものを次の**ア～エ**から一つ選び、記号で答えなさい。

ア　ヤマト政権が成立し、大王を中心とした政権が関東から九州までを支配していた。
イ　この時代の人々は打製石器を使って、ナウマンゾウなど大型動物を捕って暮らした。
ウ　縄目の模様がある厚手の土器や、女性をかたどった土偶などはこの時代から登場した。
エ　人々の間には、豊かな人とそうでない人との貧富の差が見られるようになった。

問３　下線部**a**について、明治時代の［　B　］に関する**＜写真＞＜資料＞**を参考に、この地域に設立された**＜写真＞の工場名**を答え、**工場がこの地域に建設された理由**について説明しなさい。

＜写真＞

＜資料＞

＜資料＞は世界記憶遺産に登録されている「山本作兵衛コレクション」です。山本作兵衛は福岡県田川市にある筑豊炭田で仕事をしており、その頃の様子が描かれています。

問４　下線部**b**について、中国を説明している文章として**誤っているもの**を次の**ア～エ**から一つ選び、記号で答えなさい。

ア　漢民族が人口の約９割を占め、首都は北京である。
イ　2023年現在の国家主席は習近平である。
ウ　経済特区を設けて工業化を進め、世界の工場と呼ばれている。
エ　日本との間に竹島をめぐる領土問題を抱えている。

問５　下線部**c**について、秋田県を説明している文章として正しいものを次の**ア～エ**から一つ選び、記号で答えなさい。

ア　気仙沼や石巻などの漁港があり、沖合漁業がさかんに行われている。
イ　八郎潟につくった広い水田を利用した稲作がさかんである。
ウ　北上高地では畜産業がさかんで、乳牛・肉牛の飼育数が多い。
エ　昼夜の大きな気温差を利用したさくらんぼの生産が有名である。

問６　空欄＜　Y　＞には［　D　］の**気候の特徴**を説明した文が入ります。右の**＜雨温図＞**を参考に、＜　Y　＞にあてはまる文を答えなさい。

＜雨温図＞

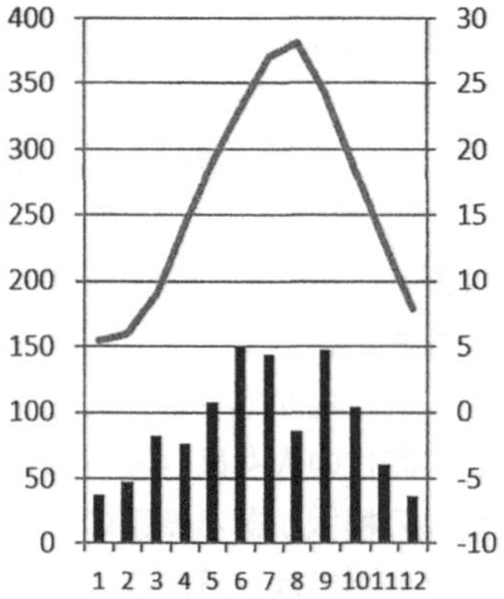

年間降水量1082.3㎜
年平均気温16.3℃
（『理科年表2021』より作成）

問７　下線部**d**について、冬でも温暖な気候を利用してピーマンやきゅうりなどの出荷時期を早める農業を行っています。この農業を何といいますか。

問８　下の都道府県のうち、なつきさんがまとめたカードに**含まれないもの**を次の**ア～エ**から一つ選び、記号で答えなさい。

ア　宮崎県　　**イ**　兵庫県
ウ　愛知県　　**エ**　岩手県

問19　下の図のような地域の地形や、発生した過去の自然災害の例などから、その地域の被害を想定して避難所や警戒区域を地図にあらわしたものを何といいますか。**カタカナ**で答えなさい。

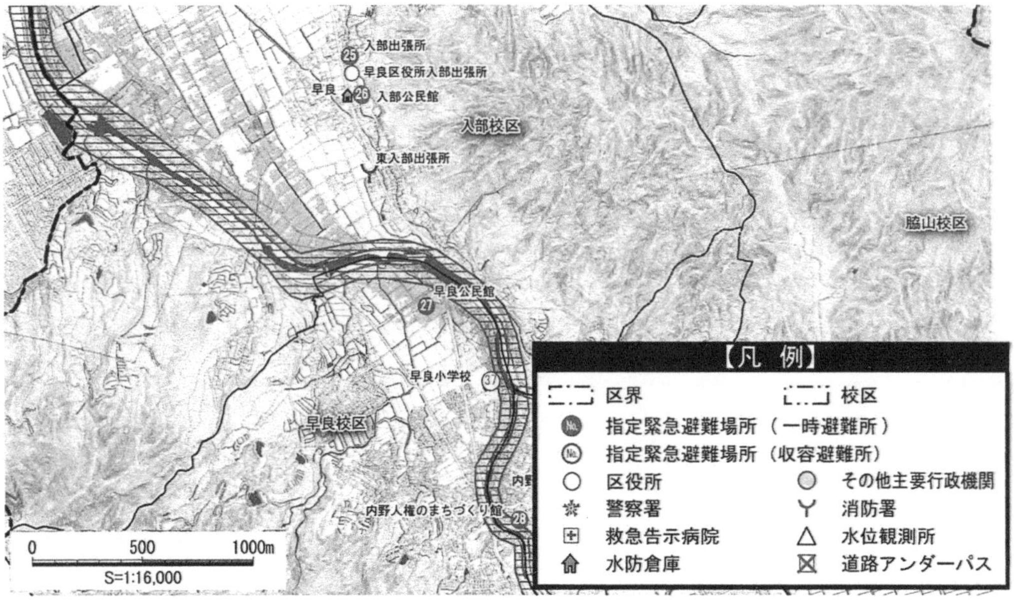

出典：福岡市ホームページ（一部改訂）

あたりが暗くなってきたので、２人は線香花火をはじめました。「今日はとっても楽しかったね。」いずみさんはとても嬉しそうにかずくんに話しかけましたが、かずくんはなぜかだまったままです。「かずくんどうしたの？具合でも悪いの？」「いや違うよ。いずみちゃんに大事な話があるんだ…。実は、ぼく来月転校するんだ。今日がいずみちゃんとの最後の思い出になると思うと何だか悲しくなって…。」かずくんの目にはうっすらと涙があふれています。「最後だなんて言わないでよ。来年も、さ来年も、大人になっても、ずっと一緒にまたここに来ようよ。約束だよ！」「ありがとう、いずみちゃん！」「これからもよろしくね。さぁ、どちらが線香花火をながく燃やせるか競争しようよ。」

問20　線香花火は、細かく砕いた鉄粉を燃焼させることで明るい光を発生させます。燃焼とは、ある気体と反応して、別の物質ができる変化のことをいいます。ある気体とは何ですか。

いずみさんたちは、おばあさんの家に着きました。「よく来たねぇ。おやおや、隣の子は誰だい？」いずみさんはかずくんのことをおばあさんに紹介していますが、また、かずくんは、他のことで頭がいっぱいのようです。「かずくんは、また人の話聞いてないんだから！今度は何を考えているの？」いずみさんは少しおこった様子です。かずくんは、家の中を飛びはねているクモに夢中です。「このクモは飛びはねているから、巣をはらないクモなんだよ。」「そうなんだ。クモってこん虫だよね？」「いずみちゃん、クモはこん虫ではないよ。学校でもならっただろう？からだが（ A ）、（ B ）、（ C ）の３つにわかれていて、（ B ）からあしが６本出ているものを、こん虫というんだよ。」かずくんはいずみさんに説明しました。

問８ 上の文中の（ A ）、（ B ）、（ C ）にあてはまる言葉をそれぞれ答えなさい。

問９ クモのからだのつくりを、右の例にならって書きなさい。

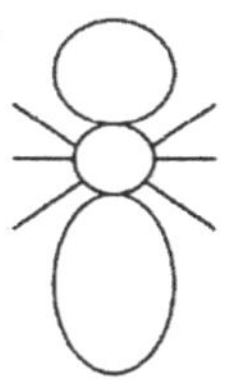

【例】アリ

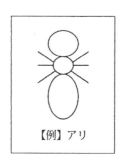

問10 次のア～オの生き物の中で、こん虫のなかまを**すべて**選び、記号で答えなさい。

ア セミ　**イ** ダンゴムシ　**ウ** バッタ　**エ** ムカデ　**オ** カブトムシ

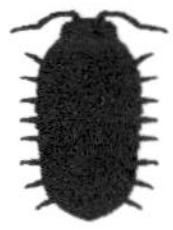

「近くに川があるから、遊びにいってきたらいいよ。」とおばあさんは、２人に梅ジュースをわたしながら言いました。「おいしい！！これ、川にも持っていっていいかな？」かずくんは、とても嬉しそうです。おばあさんは、２人のために梅ジュースを水筒に入れてくれました。「じゃあ、かずくん、おばあちゃんが用意してくれたこの梅ジュースを持って、川へ遊びに行こうよ！」そうして、２人はかけ足で川へ遊びに行きました。

問４　**図４**のように、ツリーハウスの床面の端から180㎝離れた別のツリーハウスに、両側から長さ100㎝の板を重ねて橋をかけます。橋をかけるためには、合わせて最低何枚の板が必要ですか。ただし、板を一枚重ねるごとに、(50÷枚数)［cm］ずつ伸ばすことができるものとします。

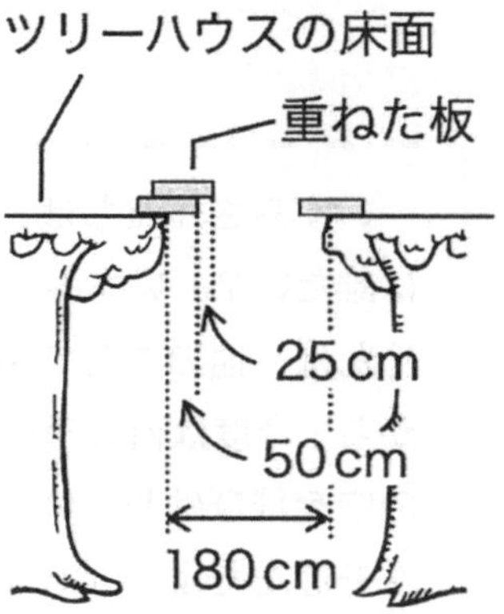

図４

「かずくん、あそこに見えるのがおばあちゃんの家だよ。ちょっと遠かったね。」かずくんは息を切らしながら、「ツ、ツリーハウスのこと考えていたらあっという間に着いたから、ぼくには近く感じたよ。はあ、はあ。」強がって言いました。「おばあちゃんはきっと私たちのために梅ジュースを用意してくれているはずだよ。それを飲んだら疲（つか）れも吹（ふ）き飛ぶよ！」いずみさんには、かずくんが強がっていることはお見通しのようです。

問５　次の**ア**～**エ**の植物のうち、梅とほぼ同じ時期に花を咲かせるものを１つ選び、記号で答えなさい。

ア　アブラナ　　**イ**　アサガオ　　**ウ**　ツバキ　　**エ**　アジサイ

問６　梅を同量の氷砂糖に数日間つけることで、梅の中の水分が外側に出て、梅はしわしわにしぼみ、梅ジュースができます。梅の中の水分が外側に出る理由について説明しなさい。

問７　梅ジュースに含まれている砂糖の濃度は約60％です。梅ジュースの原液100mLに水400mLを加えると濃度は約何％になりますか。次の**ア**～**エ**から１つ選び、記号で答えなさい。

ア　9％　　**イ**　12％　　**ウ**　15％　　**エ**　18％

3　次の図のように，マッチ棒をどの正方形の頂点にもマッチ棒の先があるように，規則に従って並べていきます。

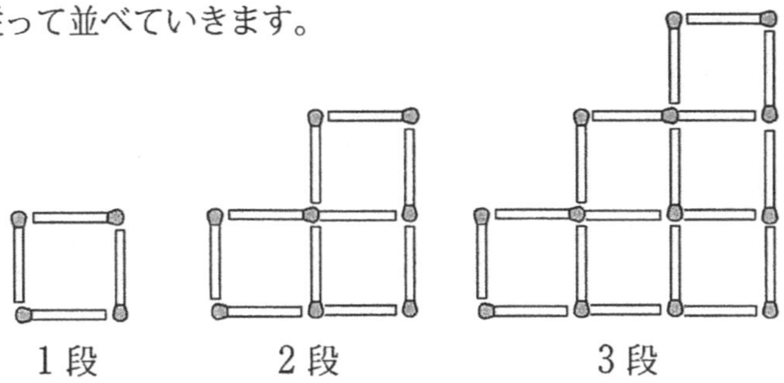

このとき，次の問いに答えなさい。

(1)　5 段の図形を並べるとき，必要なマッチ棒の本数は何本ですか。

(2)　100 本のマッチ棒を使って並べるとき

①　最大で何段までの図形ができますか。また，何本のマッチ棒が余りますか。

②　マッチ棒の先が重なっている部分は最大で何個ありますか。

4　ふたば中学校では学校の創立 90 周年の記念に，下の図の（ア）と（イ）のような 2 つの置き物を製作しました。（ア），（イ）のくり抜かれている部分は，それぞれ底面の半径が 2 cm の円柱と直方体です。置き物の高さはどちらも 4 cm です。次の問いに答えなさい。ただし，円周率は 3.14 とします。

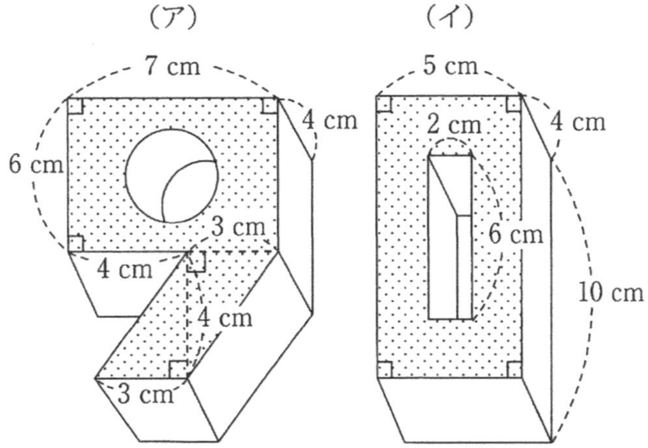

(1)　（ア），（イ）の体積をそれぞれ求めなさい。

(2)　（イ）の表面積を求めなさい。

(3)　（ア）のくり抜いてある円柱の底面の半径を 1 cm 短くすると，（ア）全体の体積はどれだけ増えますか。

⑹　右のグラフは，ある家の 8 月の生活用水の使い方を表したものです。トイレの使用量が 4 m^3 のとき，この月の生活用水全体の使用量は何 m^3 ですか。

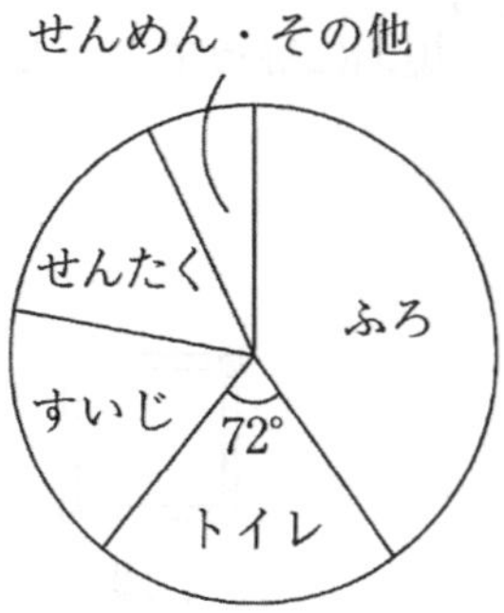

⑺　同じ大きさの正方形を 6 個並べた図形に，右の図のように，3 本の直線 AB，AC，BC をひきました。このとき，①の角度と②の角度の和を求めなさい。

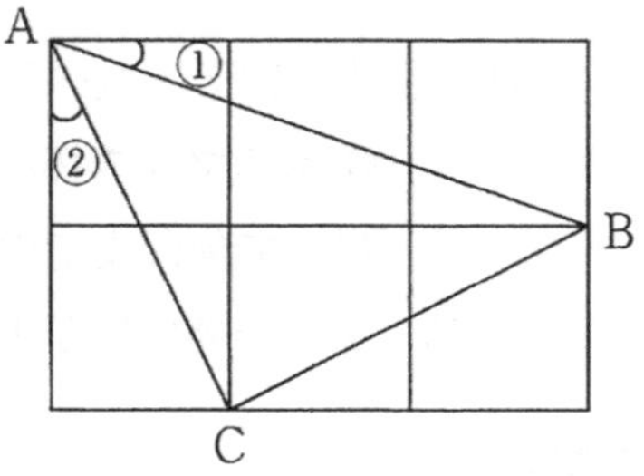

⑻　右の展開図を組み立ててできる立体の体積を求めなさい。

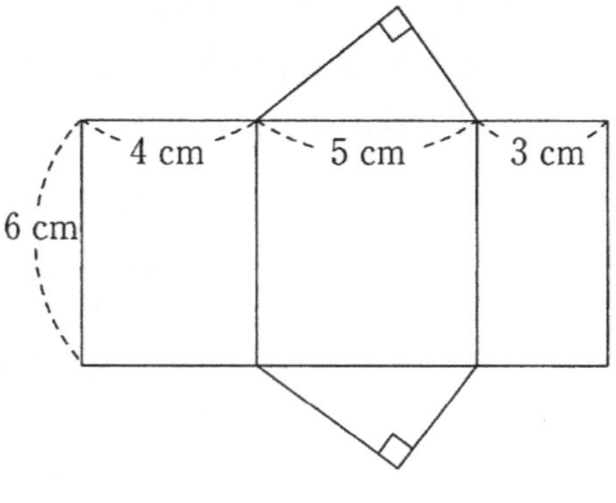

令和五年度　福岡雙葉中学校入学試験問題　国語

（50分）

問題の都合上、文章を変更している部分があります

※ 答えはすべて解答用紙に記入しなさい
※ 字はていねいに、はっきりと書きなさい
※ 「、」や「。」や記号も一字に数えます

2023(R5) 福岡雙葉中
教英出版

【一】次の文章を読み、後の問いに答えなさい。

文章Ⅰは「生徒会長はいつも男子ばかりで女子は副や書記ばかりなのはなぜか」、文章Ⅱは「どうして他国では女性の政治家や大臣を輩出（注1はいしゅつ）しているのに日本では少ないのか」という生徒の質問に対し、女性の生き方について研究している上野千鶴子（ちづこ）先生が回答している場面です。

《文章Ⅰ》

生徒会ばかりじゃありません。先生たちを見てごらんなさい。校長は男で副校長や教頭は女、って多くないですか？①図1を見れば、それがよくわかります。お家に帰れば、お父さんが中心で、お母さんがそれを支えていませんか？　妻を「女房（ぼう）」とも言いますが、「女房役」って補佐役のこと。お父さん、お母さんが働いている職場では、社長が［ a ］で、秘書が［ b ］って組み合わせはありませんか？

学校は社会の縮図です。学校だけが社会からの避難（ひ）所や例外的な特区になれるわけじゃありません。オトナがそれを「伝統」と呼ぶのは、誰（だれ）もがあたりまえだと思って、疑わないからです。でも「伝統」には根拠（きょ）がありません。オトナが「伝統」を持ち出したら、答えられないから問いをシャットアウトして、ごまかしているんだと思ってください。食い下がって、「どこのどんな伝統なんですか？」「いつから伝統になったんですか？」「どういう根拠があるんですか？」ってたてつづけにきいてごらんなさい、②きっとイヤがられますから。

おもしろいデータが見つかりました。［ c ］で［ d ］に［ e ］をしらべたものです（表1）。小学校では児童会の会長は男女半々（はんはん）なのに、中学・高校では男子が多くなる。上級学校にいくほど③オトナの世界に染まっていくのかもしれません。高校で男子の比率がやや下がるのは、女子高があるからかも。女子高だと全員女子ですから、生徒会長も当然、女子。女子高の方が女の子のリーダーシップが育つ、って言われています。だって能力は置かれた立場で育つものですから。あなたの地域ではどうでしょうか。くらべてみるとおもしろそうです。

女の子に生徒会長になれない理由はありません。生徒会がほんとうに民主的[注2]に運営されているなら、生徒会長に立候補して選挙で選ばれたらいいんです。事実、そうやって生徒会長になる女の子も、そここで生まれてきました。

「伝統」という長く続いた根拠のない習慣をうちやぶって、最初に生徒会長に立候補する女子には、ちょっとした勇気が要(い)るかもしれません。でもまわりが支持してくれれば、そして実際になってみれば、なあーんだ、生徒会長が女だってなんのふつごうもないんだ、ってことは、すぐにわかるんですけどね。誰かひとりが前例をつくってくれれば、二人目からはやりやすくなります。

図１

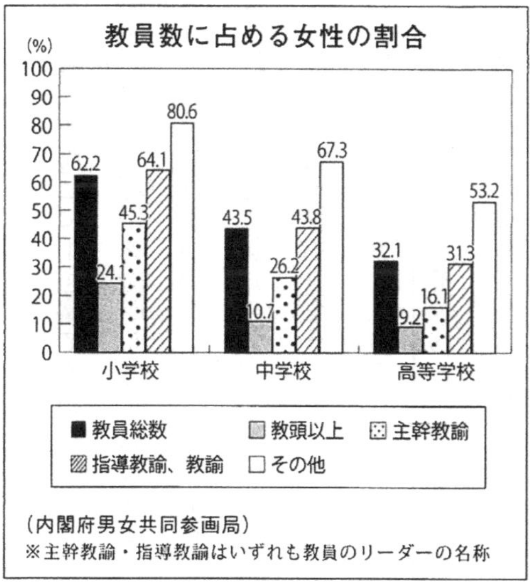

（内閣府男女共同参画局）
※主幹教諭・指導教諭はいずれも教員のリーダーの名称

表１

2018年度の児童会、生徒会の役員・会長で男子が占める比率

	小学校	中学校	高校
役員	45.0%	36.9%	34.6%
会長	50.0%	88.9%	60.0%

「中学の生徒会長は男子が９割　滋賀・大津市が男女比較調査」

《文章Ⅱ》

そうですねえ、ほんとに不思議ですね。なぜでしょう?

女性政治家が少ない理由を説明してくれた人がいます。なぜなら、女性候補者が少ないからです。東大女子が少ないのと同じ、そもそも女子受験生が少ないから、合格者も少ないんです。女性立候補者が少ないから、有権者に選択肢(せんたくし)[注3]がない、結果として女性政治家が増えない……。

戦前の女性には参政権[注4]がありませんでした。敗戦直後に女性にも参政権が与(あた)えられ、一九四六年の戦後第一回の総選挙では女性議員がいっきょに三九人も登場しました。女のひとたちが、ようやく参政権を得られたことに大興奮したからです。ところがこの数字が最大で、④<u>その後この数字を上回ったことはありません。</u>

なぜだか考えてみましょう。日本には女性政治家が出にくい、いろいろな理由があります。

第一に、男が先で女が後、という男性優位の通念[注5]です。敗戦直後の女性議員たちが再選されなかったのは、戦後の混乱期が終わって男たちが戦地から復員[注6]してきて、旧秩序(ちつじょ)[注7]に戻(もど)ったから。女に元(もと)いたところに戻れ、ってなったんですね。

第二に、政治家が地域や団体の利益代表のようになっているからです。町内会や団体が推すのはもっぱら男。町内会長や組織の長が男ばかりだと、そこから出てくる候補者も男になりがちです。図2を見てください。地域に密着した自治会[注8]では「男を立てる」伝統がありますし、女性の会員が圧倒的に多いPTAでさえ、トップは男という場合が多いことがわかります。生徒会長が男、副会長が女、っていうのと同じ。［　X　］、です。

(上野　千鶴子『女の子はどう生きるか　教えて、上野先生!』岩波ジュニア新書より)

図２

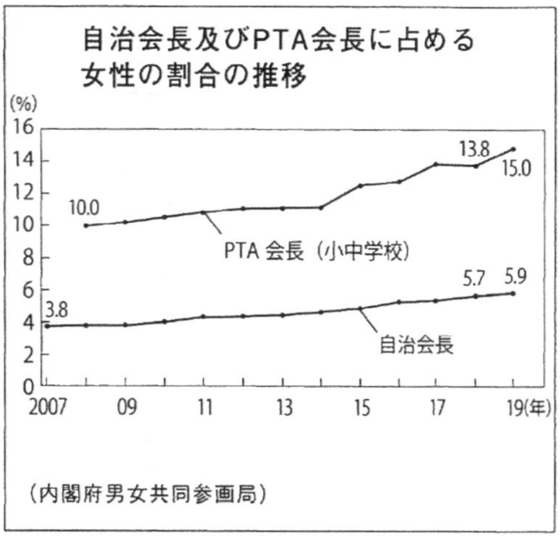

注１　輩出　……　多くの立派な人物を世に出すこと。
２　民主的　……　関係する一人ひとりの意見を平等に大切にしながら、みんなで相談してものごとを決めていく様子。
３　選択肢　……　選択して答えるように用意されているいくつかの答え。
４　参政権　……　国民が政治に参加する権利のこと。
５　通念　……　社会一般が共通に持っている考え。
６　復員　……　戦争が終わって兵隊たちが家に帰ること。
７　秩序　……　物事を正しい状態に保つための、守るべききまり。
８　自治会　……　同じ地域に住む人々や団体が、自分たちで社会生活を運営していくために作る集団。

(一) ━━線部①「図1を見れば、それがよくわかります」について、次の問いに答えなさい。

1.「それ」の指す内容を二十字以内で答えなさい。

2. 次のA〜Dについて、図1から読みとれることとして正しいものには○を、正しくないものには×をそれぞれ書きなさい。

A 小学校・中学校・高等学校のうち、教員総数の女性の割合が最も高いのは小学校である。
B 教頭以上の女性の割合は、小学校・中学校・高等学校のいずれも二十五パーセント以下である。
C 高等学校においては、校長先生が男性の場合は補佐役の教頭先生が女性であることが多い。
D 日本の学校では女性の管理職が年々（ねんねん）減少しているが、都市か地方かなど地域で差が生じている。

(二) [a]・[b] にあてはまる漢字一字を本文中から抜（ぬ）き出して答えなさい。

(三) ━━線部②「きっとイヤがられます」とありますが、それはなぜですか。本文中の言葉を使って、解答らんに続くように四十字以内で答えなさい。

（四）［ c ］・［ d ］・［ e ］にあてはまる言葉の組み合わせとして最も適当なものを、次のア～エの中から一つ選び、記号で答えなさい。

ア　c　高等学校　　d　二〇一八年　　e　生徒会長の女子の人数
イ　c　中学校　　d　滋賀県大津市　　e　生徒会長の男子の人数
ウ　c　滋賀県大津市　　d　二〇一八年　　e　生徒会長の男子の割合
エ　c　滋賀県大津市　　d　高等学校　　e　生徒会長の女子の割合

（五）――線部③「オトナの世界に染まっていく」とはどういうことですか。最も適当なものを次のア～エの中から一つ選び、記号で答えなさい。

ア　女子が生徒会長になりにくいのは、大人のルールの中ではふつごうが多いからだということ。
イ　成長するにつれて、先生たちや世の中の影響を受けて男性中心の社会になっているということ。
ウ　男子の体の発達がいちじるしく進む年齢をむかえると、精神も成熟していくということ。
エ　学校だけは、社会から切り離された特別な場所としていつまでも守られているということ。

（六）《文章Ⅰ》を二つのまとまりに分けた場合、二つ目のまとまりはどこから始まりますか。初めの五字を抜き出して答えなさい。

（七）――線部④「その後この数字を上回ったことはありません」とありますが、その理由を筆者はどう考えていますか。次のア～エの中から正しいものを**全て**選び、記号で答えなさい。

ア　戦前の女性たちには参政権がなかったが、敗戦直後に突然与えられたことに大興奮したから。

イ　昔の日本は他の国々と比べても、女性政治家が出にくい国であったから。

ウ　戦後、男性が国や家庭に戻ってくると、戦前と同じ男性中心の状態に戻ったから。

エ　敗戦以降も地域や団体の代表が男性ばかりで、その中から政治家が選ばれているから。

（八）《文章Ⅱ》［Ｘ］にあてはまる言葉を《文章Ⅰ》の中から探し、八字で抜き出して答えなさい。

（九）本文の内容について述べたものとして**適当でないもの**を次のア～エの中から一つ選び、記号で答えなさい。

ア　日本の女性政治家が増えない理由は、女性の候補者が少なく有権者の選択肢がないからである。

イ　男性よりも女性の人数が多い幼稚園やＰＴＡにおいては、女性のトップが生まれやすい傾向がある。

ウ　能力は置かれた環境でのびるものなので、男子のいない女子高では女子のリーダーシップが育ちやすい。

エ　女子が生徒会長になれない理由はなく、勇気を出して前例をつくってみることで社会のしくみは変わっていく。

【二】次の文章を読み、後の問いに答えなさい。

> 武家に生まれた翠之介は、将来武士にならなければならないのにもかかわらず、父親に内緒で菓子職人である治兵衛の「南星座」という店に弟子入りをしたいと申し出た。その熱心な姿に打たれた治兵衛は、しだいに翠之介を受け入れるようになり、「みどり」という名のお菓子の作り方を教える。そんな中、翠之介が菓子屋に行って修業していることを知った父親が、激怒し翠之介を引きずりながら治兵衛の家まで押しかけてきた。次の文章は、武士ではなく菓子職人になりたいという翠之介に、治兵衛が話しかける場面である。

「菓子職人になりたいという志は、変わりませんかい？」

「はい」

「それなら、[注1]筑後久留米に修業に出しましょう」

え、と翠之介のからだが揺れた。それまで決して動かなかった硬い表情に、①<u>はじめて《　　》の色がよぎった。</u>

「久留米には、[注2]あっしが昔世話になった菓子屋がありましてね。職人をたくさん抱える大店で、親方もたしかな［ a ］を持っている」

治兵衛がいた頃から、すでに代替わりはしているが、いまでも便りを交わす間柄だった。

そこで十年は修業をするようにと、治兵衛は厳しい表情で言い渡した。

「……筑後久留米とは、どこにあるのですか？」

おそるおそるたずねられた問いには、河路金吾がこたえた。

「江戸からは何百里も離れた、海を渡った西にある。当家はその隣の肥前にあるが、早飛脚でも片道二十日、子供の足なら幾月もかかろう」

「そんな遠くに、どうして……私はここで、南星屋で、親方に菓子作りを教えていただきたいのです」

「ここなら四ツ谷[注3]から近い。すぐにも里帰りができると、そう考えていなさるのかい？」

「そんな②<u>甘い考え</u>では、到底、菓子職人なぞなれやせん」

虚[注4]を突かれたように、子供の口があいた。

菓子屋の朝は早い。夜明け前どころか、夜中から作業にとりかかる店も少なくない。小僧ともなればなおさらで、誰よりも早く起きて下働きをこなし、治兵衛は菓子部屋に入れるまでに三年、菓子にさわらせてもらえるまでには、さらに一年以上もかかった。本当に、ただ辛いばかりの日々で、今日こそ家へ逃げ帰ろうと毎日のように考えた。

どうにか踏みとどまることができたのは、治兵衛もまた、武士の身分を捨てたからだ。己にはもう、帰る家などないと、子供なりにそれだけは肝に銘じていた。

治兵衛は修業時分のことを、誇張することなく淡々と語った。

「筑後へ行っても江戸にいても、修業が辛いのは変わらねえ。それならいっそ、海を越えちまった方が諦めもつく」

話の途中から、固い巌のようだった翠之介の決心が、みるみる削がれて小さくなっていくのが、［ b ］にとるようにわかった。

「ましてお家を捨てて菓子屋になるというなら、金輪際、お父上はもちろん、お母上や妹さんにも二度と会えないと、その覚悟をしてもらいやすよ」

「……母上にも、佳苗にも、会えぬのですか……」

③最前までの勢いはすっかり失せて、翠之介はしょんぼりとうなだれた。
しばしの間をおいて、治兵衛は調子を変えた。
「坊(ぼっ)ちゃんは本当は、お父上さまが大好きなのでしょう？」
翠之介と父親が、よく似た表情で、一緒に顔を上げた。
「大好きだからこそ、塞(ふさ)いでいる姿が見るに忍(しの)びなくなった。そういうことじゃねえのかい？」
すぐにこたえを出すには、難し過ぎるのだろう。翠之介は、困ったように眉根(まゆ)を寄せた。
「翠之介、ひとまず家に帰らぬか。日が落ちてだいぶ経った。皆(みんな)が止めるのもきかず、無理におまえを引きずってきた故(ゆえ)、おばあさまもおまえの母も、たいそう案じておろう」
「父上……」
迷っているというよりは、あれだけ言い張った後だけに、引っ込(こ)みがつかないのだろう。④その背中を押(お)すように、治兵衛は話を変えた。
「坊ちゃん、今日拵(こしら)えたみどりには、別の謂(注5いわ)れがありましてね。松の翠(みどり)ではなく、身を縁取(ふち)るということからその名がついたと、そういう説もあるんですよ」
「身を、縁取る……」
砂糖を幾度もかけて、衣を纏(まと)わせることが名前の由来だと、伝えるものもあった。
「翠坊ちゃんも、いまは身を縁取る時だと思いますよ。手習いや剣(けん)術もそのためのもので、己のすべきことをきちんと修めて、それでも菓子屋になりてえと言うなら、相談に乗りやしょう。それまでは、決してここへ来てはなりやせん」
治兵衛は親方として、そう申し渡した。悲しそうに翠之介が、こちらを見上げる。

⑤厳しい顔をくずさぬよう、治兵衛は奥歯(おく)を食いしばった。

暗い夜道を、親子が並んで帰っていく。

それを見送ると、⑥ほっとするより先に、大事なものを失ったような切なさが胸に募(つの)った。

（西條(じょう)　奈加『まるまるの毬(いが)』より）

注1　筑後　……　旧国名の一つで、現在の福岡県南部。
2　あっし　……　「わたし」という意味。
3　四ツ谷　……　江戸の地名の一つ。
4　虚を突かれた　……　無防備なところを攻められるようす。
5　謂れ　……　名前の由来。

（一）［a］、［b］にあてはまる言葉として最も適当なものを、次のア～オの中から一つずつ選び、それぞれ記号で答えなさい。

ア 足　イ 腕　ウ 耳　エ 頭　オ 手

（二）――線部①の空らん《　　》には「翠之介」の気持ちが入ります。その気持ちを表す言葉を、次のア～エの中から一つ選び、記号で答えなさい。

ア　決意　　イ　安心　　ウ　恐怖（きょうふ）　　エ　不安

（三）――線部②「甘い考え」とはどんな考えですか。三十五字以内で説明しなさい。

（四）――線部③「最前までの勢いはすっかり失せて、翠之介はしょんぼりとうなだれた」とありますが、この様子を比喩（ゆ）的に表現している部分を本文中から三十五字以内で探し、その最初と最後の二字をそれぞれ抜き出して答えなさい。

（五）――線部④について、「その背中」とは翠之介のどのような思いを表していますか。その説明として最も適当なものを、次のア～エの中から一つ選び、記号で答えなさい。

ア　武士になりたくないという気持ちを無視して思い通りにしようとする父親に、自分の気持ちを伝えたいという翠之介の思い。

イ　治兵衛から言われて本当は父親のことが大好きだと気付いたのに、それを父親に伝えることができない翠之介の思い。

ウ　治兵衛に言い渡された修業に乗り気でないことを治兵衛にどう伝えてよいかわからず、戸惑（まど）っている翠之介の思い。

エ　菓子職人になるという夢をかなえたいという気持ちを治兵衛に言い出せず、父親に助けを求める翠之介の思い。

（六）――線部⑤について、「治兵衛」が「奥歯を食いしばった」のはなぜですか。その理由として最も適当なものを、次のア～エの中から一つ選び、記号で答えなさい。

ア　菓子職人の親方としての立場を忘れて、翠之介に甘い言葉をかけそうになったから。
イ　大人の言うことを素直に聞く翠之介の純真な姿に思わず顔が緩（ゆる）みそうになったから。
ウ　簡単に夢をあきらめた翠之介に失望してしまったことを悟（さと）られたくなかったから。
エ　必要以上に厳しいことを言って翠之介を悲しませてしまった自分が嫌（いや）になったから。

（七）――線部⑥について、この部分は誰の気持ちを表していますか。その人物名として最も適当なものを次のア～エの中から一つ選び、記号で答えなさい。

ア　翠之介　　イ　治兵衛　　ウ　河路金吾　　エ　お父上

（八）次の会話文は、この作品を読んだ感想について生徒が話し合ったものです。空らんにあてはまるように三十字以上、五十字以内で文を考え、会話文を完成させなさい。ただし、「身を縁取る」という表現は使えません。

（花子さん）物語の後半に「みどり」というお菓子の名前の由来について話しているところがあるけれど、なぜ「治兵衛」は急にそんな話を始めたんだろう？

（葉子さん）まずはお菓子作りの工程を確認してみよう。「みどり」というお菓子は砂糖の衣を幾重にもまとわせるという工程を経て、お菓子として完成する。

（花子さん）「縁取る」という言葉の意味も考えるといいね。「縁取る」とは「ものの周囲にそって何かで囲う」という意味だよね。

（葉子さん）ということは、「治兵衛」は「みどり」というお菓子の名の由来を引き合いに出すことで、翠之介に［　　　　　　　　］の大切さを伝えているんだと思うよ。

【三】次の各問いに答えなさい。

（一）後の□内のカタカナを**漢字に直して**（　　）に入れ、類義語を作りなさい。

① 賛成 ＝ （　　）意

② 有名 ＝ （　　）名

③ 簡単 ＝ 容（　　）

イ・キ・シン・チョ・ドウ

（二）次の①、②の（　　）に漢字を一字ずつ入れて、下の意味を表す四字熟語を完成させなさい。

① 空前（　　）（　　）…今までにも例がなく、これからも例がないと思われること。

② 適（　　）適（　　）…ある仕事や地位に、最も適した人物を配置すること。

（三）次の①、②のことわざの意味として最も適当なものを、後のア～オの中からそれぞれ一つずつ選び、記号で答えなさい。

① すずめ百まで踊(おど)り忘れず　② 渡る世間に鬼(おに)はない

ア　同時にいくつかのものをねらって、結局何も得られないこと。

イ　世の中には思いやりのない冷たい人だけでなく、親切な人もいること。

ウ　みばえや名誉(めいよ)より実際の利益を選ぶこと。

エ　意外なところから意外なものが現れること。

オ　幼い時に身についた習慣は、年をとっても身についていること。

（四）次の①～③の（　　）に入る最も適当な慣用句を、後のア～オの中からそれぞれ一つずつ選び、記号で答えなさい。

① あの監督は、前回のドラマがヒットしたことに（　　）と、次々と続編を制作するようになった。

② 先月までは暇だったのに、今月になって急に（　　）ほど忙しくなった。

③ 会場にはたくさんの人がいたが、彼の話に（　　）人は誰もいなかった。

ア　指をくわえる　　イ　味をしめる　　ウ　耳を貸す

エ　猫の手も借りたい　　オ　火に油をそそぐ

【四】次の①〜⑩の――線部のカタカナは漢字に直し、漢字は読みをひらがなで答えなさい。

① 動物アイゴ団体に寄付をする。

② ひまわりがグンセイしている公園。

③ 部屋にあるタンスのスンポウを測る。

④ 非常時に備えて食料をチョゾウする。

⑤ ボウフウ警報が出ている。

⑥ 坂道で転んでひざをフショウしてしまった。

⑦ 不必要なものをノゾく。

⑧ 雲で月がカクれる。

⑨ 彼は新しい事業を興す決心をした。

⑩ 会の出席者として名を連ねる。

令和５年度　福岡雙葉中学校　入学試験問題

(50分)

1 次の計算をしなさい。ただし，(5)は□にあてはまる数を答えなさい。

(1) $8-2\times(5-3)$

(2) $\frac{5}{12}\div\frac{15}{8}-\frac{1}{6}$

(3) $(24.7\div2.6-4.7)\times4.5$

(4) $8.2\times1.4-3.2\times1.4$

(5) $7\times\left\{11+\left(17-8\times\square\right)\right\}=84$

2 次の問いに答えなさい。

(1) 2 つの数があり，足すと 10 ，かけると 24 になります。この 2 つの数を求めなさい。

(2) 何人かの子どもにりんごを配ります。1 人に 3 個ずつ配ると 7 個あまり，4 個ずつ配ると 13 個不足します。子どもの人数とりんごの個数をそれぞれ求めなさい。

(3) 定価が 2400 円の品物を 1680 円で買いました。定価の何％引きで買ったか求めなさい。

(4) 横が 4 cm，縦が 5 cm の長方形と面積が等しい長方形があります。この長方形の縦が 6 cm のとき，横の長さを求めなさい。

(5) ある数を小数第 2 位で四捨五入すると 2.5 になりました。その数はいくつ以上いくつ未満か求めなさい。

(6) $150000\ cm^2 = \square\ m^2$ です。□にあてはまる数を答えなさい。

4 厚さ 1 cm の板を使って，右のような容器を作ります。次の問いに答えなさい。

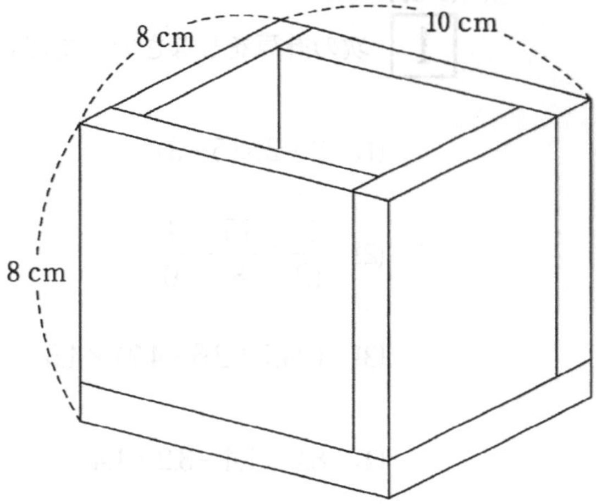

(1) この容器の容積は何 cm^3 ですか。

(2) 使った板の体積は全部で何 cm^3 ですか。

(3) この容器の表面積は何 cm^2 ですか。

5 ふたばさんとお姉さんが家から駅に向かいます。ふたばさんが出発してから 10 分後にお姉さんが出発しました。2 人とも途中でそれぞれ 1 回ずつ休けいをとり，駅にはちょうど同じ時刻に着きました。

右のグラフはふたばさんが出発してからの時間と 2 人の間の距離（きょり）の関係を表したものです。2 人の速さは一定であるとして次の問いに答えなさい。

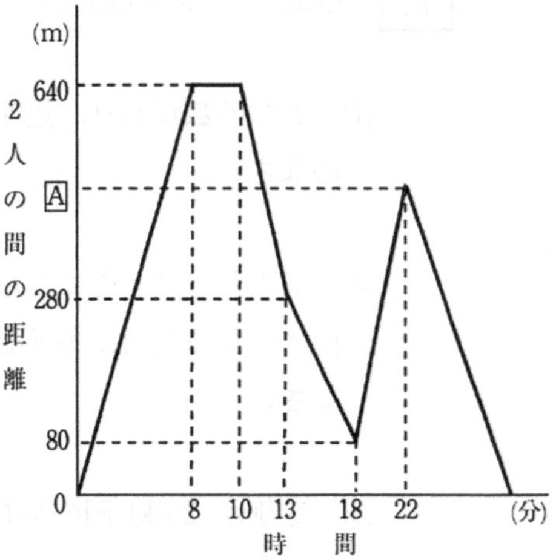

(1) ふたばさんとお姉さんの速さはそれぞれ毎分何 m ですか。

(2) ふたばさんが休けいした時間は何分間ですか。

(3) お姉さんが休けいを始めたとき 2 人の間の距離は何 m ですか。

(4) グラフの A にあてはまる数字は何ですか。

(5) 家から駅まで何 m ありますか。

令和５年度　福岡雙葉中学校　入学試験問題　理科

(30分)

1　私たち人類は、貧困、戦争、気候変動、感染症など数多くの課題に直面しており、このままでは安定して今の暮らしを続けていくことができなくなると心配されています。2015年、世界中の人々が話し合って課題を解決する方法を考え、2030年までに達成すべき具体的な目標が立てられました。それが、「持続可能な開発目標（Sustainable Development Goals：SDGs)」です。その目標の一つに、「気候変動に具体的な対策を」という目標があります。SDGsに関わる次のⅠおよびⅡの文章を読み、あとの問いに答えなさい。

Ⅰ　①ここ数年、夏に気温が高い猛暑日が何日も続くようになり、福岡市の都市部に住む中学2年生のタカコさんは、夏休みの自由研究で、夏の室内の暑さを少しでも和らげようと右図のような「グリーンカーテン」を自宅に作ることにしました。グリーンカーテンとは、窓をおおうように育てられた植物のことで、葉により②日光をさえぎり、室内の温度を下げる作用があります。タカコさんは、葉が大きく横に広く、成長の早いつる性の植物で③グリーンカーテンに適しているキュウリを使って、毎日水やりをしながら、立派なグリーンカーテンを作りました。

また、福岡市には屋上緑化に関する条例があり、グリーンカーテンや屋上緑化は、都市部における④ヒートアイランド現象を和らげるのに役立つことを知りました。

問１　下線部①に関連して、気温が高くなる原因として考えられるものを次のア～エから２つ選び、記号で答えなさい。

ア　二酸化炭素の排出量の増加　　　**イ**　森林の減少
ウ　オゾン層の破壊　　　**エ**　黄砂の飛来

問２　気温が高いとき、ヒトのからだは体温を維持するためにどのような反応をするでしょうか。

問４　下線部②について、**図３**のようにホウセンカを赤インキで色をつけた水にさしておきました。しばらくそのままにしておくと、水面の位置は最初と比べてどうなるでしょうか。次の**ア**～**ウ**から１つ選び、記号で答えなさい。

図３

ア　上がった　　　**イ**　下がった　　　**ウ**　変わらなかった

問５　**図４**は、**問４**で用いたホウセンカのくきと根を横に切った切り口です。どちらがくきの切り口でしょうか。**ア**と**イ**から１つ選び、記号で答えなさい。また、その切り口からどのようなことがわかるでしょうか。

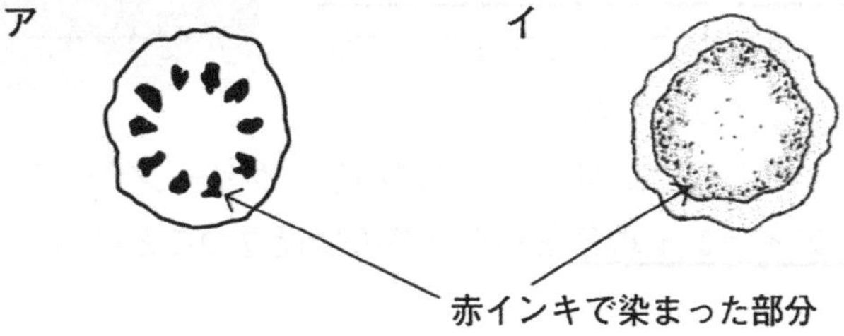

図４

問６　**問４**と**問５**からわかることは、どのようなことでしょうか。次の**ア**～**ウ**の文章について、正しいものには○を、まちがっているものには×と答えなさい。

ア　根から吸い上げられた水分は、葉から蒸発する。
イ　根から吸い上げられた水分は、くきから直接蒸発する。
ウ　根から吸い上げられた水分は、くきを通る。

3　SDGsについての次の会話文を読み、あとの問いに答えなさい。

カツコさん：私は、「エネルギーをみんなに　そしてクリーンに」というSDGsについて調べます。まずは、私たちの暮らしの周りにある色々な電化製品について調べることで、何かヒントが見えてくるかもしれないと思いました。
シンジ先生：それは面白そうですね。では、例えば①電化製品に使われているモーターは、どんなしくみで動いているのかな。
カツコさん：プラモデルなどで使われる小さいモーターの場合、永久磁石と電磁石で作られています。導線に電流が流れると、電磁石にN極とS極ができ、それが永久磁石と反発したり引きつけあったりして回転します。
シンジ先生：よく調べているね。また最近では、②ガソリンを使用しない車も開発されているよ。

問1　電磁石の性質を調べるために次のような実験を行いました。**図1**のように電磁石と方位磁針を置くと、方位磁針のN極が北を指しました。その後スイッチを入れると、方位磁針のN極が西を指しました。このとき電磁石のA側は何極でしょうか。

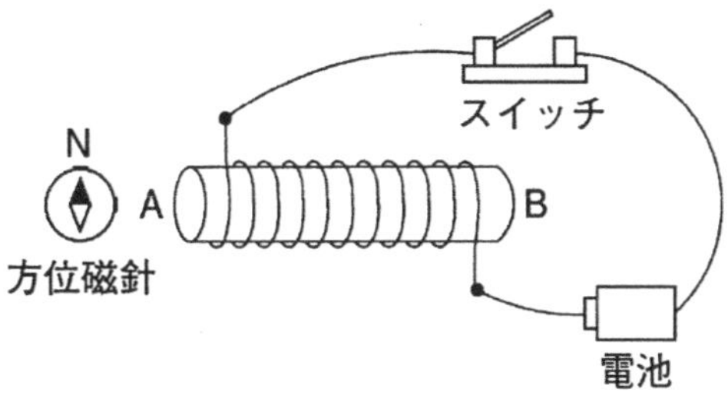

図1

問2　下線部①について、モーターのしくみを調べるために、**図2**のように、N極とS極の間に回転軸(じく)を取り付けた電磁石を置き、矢印の向きに電流を流しました。このときの電磁石の様子として適切なものを、あとの**ア～エ**から1つ選び、記号で答えなさい。

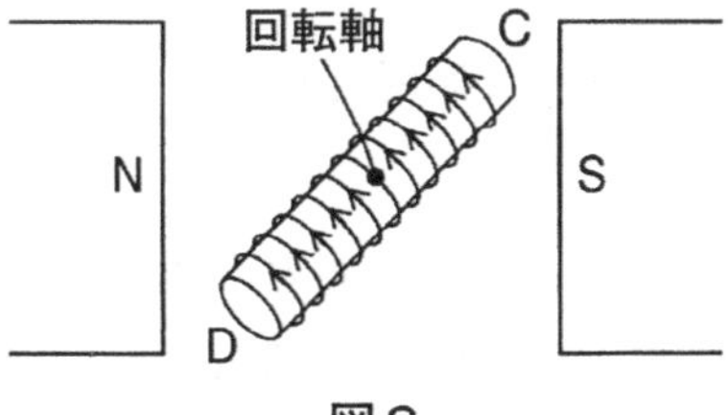

図2

ア　C側がN極に引きつけられ、D側がS極に引きつけられる。
イ　C側がS極に引きつけられ、D側がN極に引きつけられる。
ウ　C側がN極と反発し、D側がS極に引きつけられる。
エ　C側がS極と反発し、D側がN極に引きつけられる。

問２　下線部①について、ビーカー内のすべての氷が最もはやくとけるのはどのビーカーでしょうか。**A**～**C**から１つ選び、記号で答えなさい。

問３　下線部②に関連して、容器内の水がすべて凍ったとき、氷の表面が**図２**のように膨（ふく）らんで見えました。この理由として正しいものを次の**ア**～**エ**から１つ選び、記号で答えなさい。

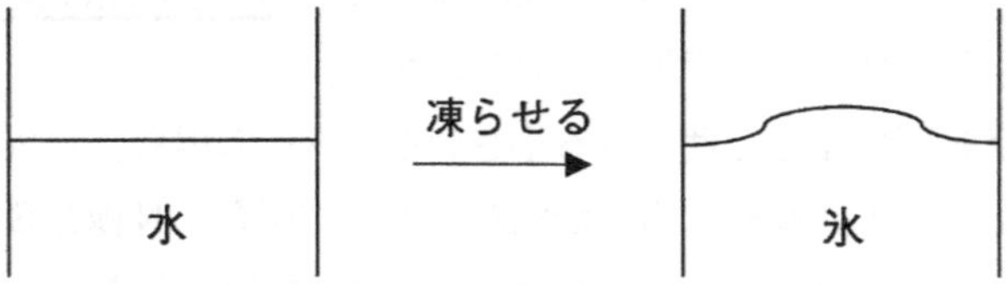

図２

ア　水が氷になると重さが増えるので、表面が膨らんだ。
イ　水が氷になると重さが減るので、表面が膨らんだ。
ウ　水が氷になると体積が大きくなるので、表面が膨らんだ。
エ　水が氷になると体積が小さくなるので、表面が膨らんだ。

実験Ⅱ　ビーカーに入れた氷をゆっくり加熱し、その温度変化を測定しました。下のグラフは、そのときの温度［℃］と時間［分］の関係を表したものです。

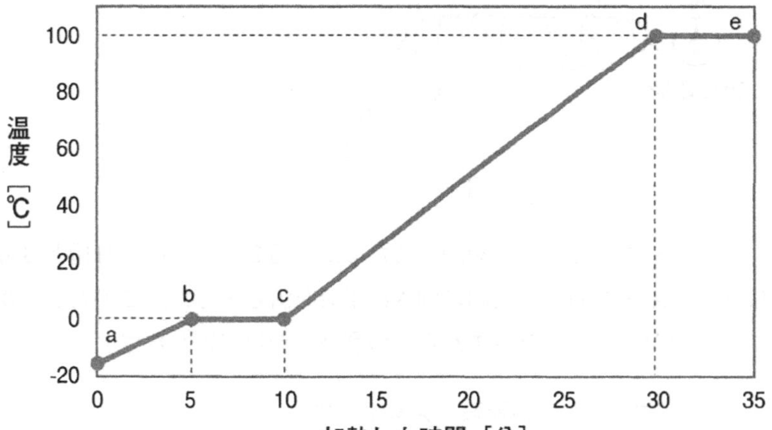

問４　下線部③に関連して、ビーカーの中で「氷と液体の水が混ざっている」状態は、グラフ中の a ～ e のどの区間でしょうか。次の**ア**～**エ**から１つ選び、記号で答えなさい。

ア　a～b　　**イ**　b～c　　**ウ**　c～d　　**エ**　d～e

問５　**実験Ⅱ**において、液体の水の温度は１分あたり何℃上昇しているでしょうか。グラフから計算しなさい。また、この実験と同じように油を加熱すると、温度を１℃上げるのに６秒かかりました。このことから、水と油はどちらがあたたまりやすいと言えるでしょうか。

令和５年度　福岡雙葉中学校入学試験問題　社会

(30分)

1　なつきさんが書いた日本の産業に関するレポートを読んで、あとの問１から問６に答えなさい。

Ⅰ　東北地方は６県全てで米の生産がさかんで、日本最大の米の生産量を誇ることから「日本の穀倉地帯」と呼ばれています。2021年に米の収穫量が最も多かったのは新潟県で、２位のａ北海道を除くと、秋田県やｂ山形県などが上位に挙げられます。しかし、数年に一度、初夏に冷たく湿った風である（　１　）の影響を受けて、冷夏となり米の生産量が減少することがあります。

Ⅱ　日本の野菜づくりは地域によって様々な特色が見られます。宮崎県は冬でも暖かい気候を利用した（　２　）によりナスやピーマン、キュウリが栽培され、ｃ福岡市や熊本市に出荷されています。また、千葉県やｄ愛知県などでは、季節の野菜を栽培し、近くの大都市に出荷する（　３　）農業がさかんです。

Ⅲ　日本列島は近海に潮目を形成する海域があることなどから、古くから水産業が発達してきました。また、複雑な海岸線を持つ（　４　）海岸は水深があり、波もおだやかなため、漁港の建設に有利でした。しかし、魚のとりすぎや環境の変化などにより、漁獲量は減少していきました。現在、日本はｅアメリカ合衆国と並ぶ世界的な水産物の輸入国になっています。

問１　文章中の（　１　）～（　４　）にあてはまる語句を答えなさい。

問２　下線部ａについて、次の【雨温図】と【写真】は北海道のものです。これらを参考に、この地域の気候の特徴と発達している農業について説明しなさい。

【雨温図】

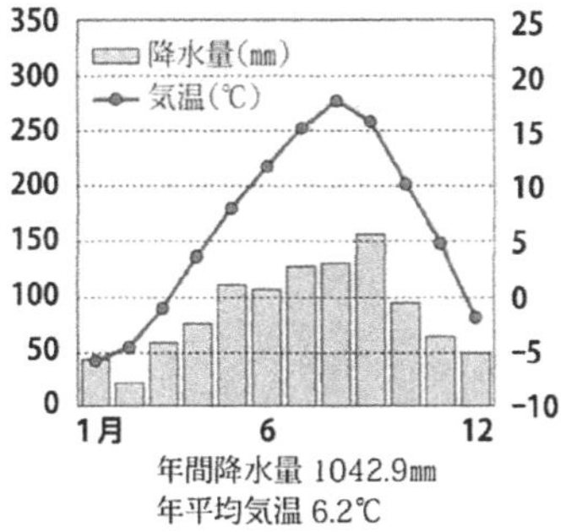

（2021年度版理科年表より作成）

【写真】

問３　下線部ｂについて、山形県が日本第一位の生産量を誇る果物を次のア～エから一つ選び、記号で答えなさい。

ア　りんご　　　イ　みかん　　　ウ　ぶどう　　　エ　さくらんぼ

問５　下線部ｄについて、江戸時代に関する説明文と関連する史料の組み合わせを並べ替えたとき、**３番目にくるもの**を次の**ア〜エ**から一つ選び、記号で答えなさい。

ア

キリスト教徒による反乱が起こった。

イ

開国を求めてアメリカから使節が来日した。

ウ

幕府の元役人が大阪で反乱を起こした。

エ

武家諸法度

一　学問と武芸にひたすら精を出すように。

一　諸国の城は、修理する場合であっても、必ず幕府に申し出ること。

一　幕府の許可なく、結婚してはいけない。
（部分要約）

幕府によって初めて武家諸法度が制定された。

問６　下線部ｅについて、明治時代に制定された憲法について説明した文章として正しいものを次の**ア〜エ**から一つ選び、記号で答えなさい。

ア　貴族を中心とする参議院と、平民を中心とする衆議院で議会は構成された。
イ　勝手に土地を売ることを禁止するなど、平民の衣食住を細かく制限していた。
ウ　主権者は国民で、天皇の権利は法律によって制限された。
エ　天皇が定め、国民に与える形で発布された。

問７　下線部ｆについて、1933年の出来事について述べた文章として正しいものを次の**ア〜エ**から一つ選び、記号で答えなさい。

ア　広島と長崎に原子爆弾が投下され、多くの人が犠牲（ぎせい）となった。
イ　治安維持法が制定され、思想弾圧が激しくなった。
ウ　国際連盟が満州国を認めなかったことがきっかけで、日本は連盟を脱退した。
エ　国民が政治に参加する権利の確立を目指し、自由民権運動が始まった。

3 次の文章を読んで、あとの問1から問6に答えなさい。

1922年、世界初の社会主義国として（　1　）社会主義共和国連邦が誕生しました。当時は4つの共和国から構成されていました。そのうちの2つが、ロシアとウクライナでした。

2022年、ロシアはウクライナの首都周辺にまで軍隊を送り、病院や学校、住宅などを無差別に攻撃し町を破壊しました。a国際連合はウクライナ民間人の犠牲者について、侵攻1カ月で1000人以上と発表しています。3月末までに国民の4分の1にあたる1000万人以上が家を追われ、その多くは（　2　）として国外に脱出したとみられています。bウクライナは、大量の戦争犠牲者を出した第二次世界大戦以降で最大の人道危機に直面しています。

ロシアによる侵攻が始まった直後から、ヨーロッパの国々やアメリカ、日本などは、ロシアに対してc経済制裁などを始めとする様々な方法で侵攻をやめさせようと試みています。しかし、dロシアの大統領の姿勢をすぐに変えるにはいたらず、ウクライナ国内で都市などの破壊が続いています。

問1　文章中の（　1　）にあてはまる語句を**カタカナ**で答えなさい。

問2　文章中の（　2　）には、一般的に宗教や政治における考えの違いなどを理由に迫害（はくがい）される恐れがあったり、内戦で安全な暮らしができなかったりして、他国に逃れた人々を示す語句が入ります。（　2　）にあてはまる語句を答えなさい。

問3　下線部aを説明した文として正しいものを次の**ア〜エ**から一つ選び、記号で答えなさい。

ア　日本はサンフランシスコ平和条約に調印し、同時にこの組織に加盟した。
イ　総会では、1国が1票の投票権を持ち、多数決で議決を行っている。
ウ　教育・科学・文化の国際協力を推進する国際連合の専門機関を、ユニセフという。
エ　世界の平和と安全を守るために結成し、スイスのジュネーブに本部を置いた。

問4　下線部bについて、私たちができる支援としてあなたが考えるものを一つ挙げなさい。

問5　下線部cに関する次の（1）（2）に答えなさい。

（1）下の国旗は、ロシアと同じく経済制裁を現在受けている国のものです。この国は核兵器を保有し、ミサイルの発射実験を繰り返しています。この国の**正式名称**を答えなさい。

三	四	五	八
	最初 〜 最後		30 50
		六	
		七	

【三】

一	二	三	四
①	① 空前	①	①
②	② 適適	②	②
③			③

【四】

①	⑤	⑨
		す
②	⑥	⑩
		ねる
③	⑦	
	く	
④	⑧	
	れる	

三	四	五	六	七	八

一	二	三	四

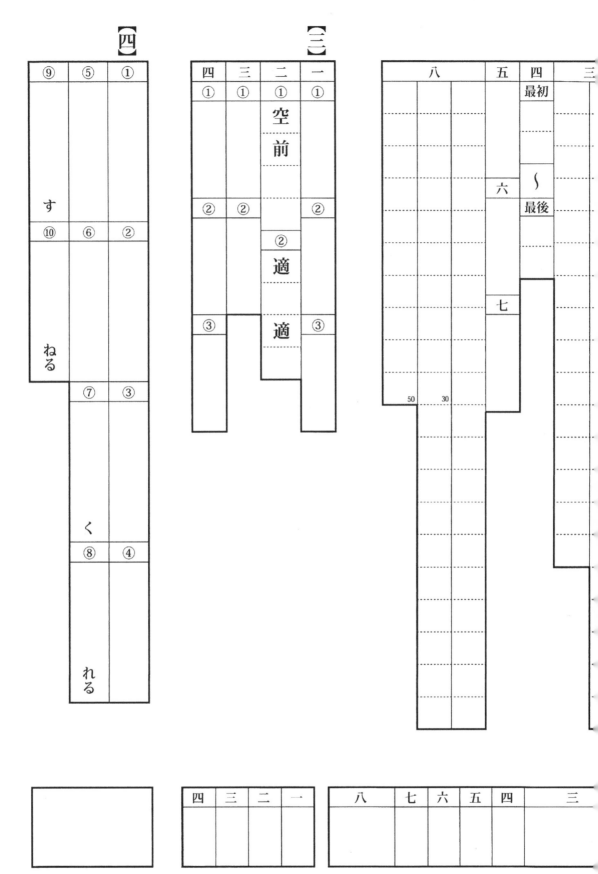

令和５年度　福岡雙葉中学校　入学試験　算数　解答用紙

1

(1)		(2)		(3)		(4)		(5)	

小　計

2

(1)		(2)	子ども　　人	りんご　　個
(3)	%	(4)	cm	(5)　以上　未満
(6)		(7)	①　度	②　度
(8)	cm			

小　計

3

(1)		(2)		×の場合のみ記入

小　計

【解答

令和５年度　福岡雙葉中学校入学試験　理科　解答用紙

1

問1

問2

問3　　問4　　問5

問6

問7

2

問1　A　→　→　→

問2

問3　　問4

【解答】

令和５年度　福岡雙葉中学校入学試験　社会解答用紙

1

問 1	(1)	(2)	(3)
	(4)		
問 2			
問 3			
問 4			
問 5		問 6	

小計

2

問 1	(1)	(2)	(3)
問 2		問 3	

問 4					
問 5		問 6		問 7	

小計

3

問 1		問 2	
問 3			
問 4			
問 5	(1)	(2)	問 6

小計

総　点

※50点満点
（配点非公表）

受験番号		氏名	

問5

問6 ア イ ウ

3

問1 極 問2 問3

問4 問5

4

問1

物質の姿が変わること	物質名

問2 問3

問4 問5

1分あたりの水の温度上昇	あたたまりやすいもの
℃	

受験番号		氏名		得点	※50点満点 （配点非公表）

4	(1) cm^3	(2) cm^3	(3) cm^2		小　計

5	(1) ふたばさん 毎分 m	お姉さん 毎分 m	(2) 分間		小　計
	(3) m	(4)	(5) m		

受験番号		氏名	

総　点

※100点満点
（配点非公表）

令和五年度　福岡雙葉中学校入学試験　国語解答用紙

受験番号	
氏　名	

【一】

一 1	一 2	二	三	四	五	六	七	八	九
	A	a	「伝統」とは						
	B	b							
	C								
	D								

【二】

一
a
b

一 1	一 2	二	三	四	五	六	七	八	九

一

総　計
※100点満点（配点非公表）

（2）次の**【表】**は小麦の輸出量上位五か国を、また、**【グラフ】**は日本がロシアから輸入しているものをそれぞれ示しています。ウクライナ問題では、ロシアに対して経済制裁として貿易制限が実施されています。ウクライナ問題でロシアとの経済関係が難しくなると、日本国内でどのような影響があると予想できますか。その予想として**誤っているもの**を下の**ア～エ**から一つ選び、記号で答えなさい。

【表】

順位	国名	輸出量（千ｔ）
1	ロシア	37,267
2	アメリカ	26,132
3	カナダ	26,111
4	フランス	19,793
5	ウクライナ	18,056

（世界国勢図会2022/23より作成）

【グラフ】

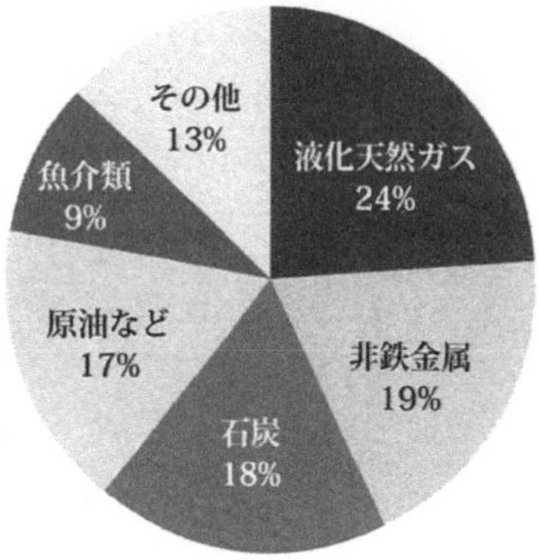

（2021年度版理科年表より作成）

ア　電気代やガス代等の光熱費が高くなる。
イ　パスタやラーメンの値段が高くなる。
ウ　自動車等の工業製品の輸出が増加する。
エ　北米からの小麦の輸入が増加する。

問６　下線部ｄの人物を次の**ア～エ**から一つ選び、記号で答えなさい。

ア

イ

ウ

エ

2　かおるさんがまとめた福岡の歴史に関する文章を読んで、あとの問１から問７に答えなさい。

現在の福岡市は、かつて筑前国であった地域にあります。この地域には古くから人が住んでおり、志賀島で発見された（　１　）や水田跡の遺跡などからａ弥生時代から中国や朝鮮との間で活発な交流があったことがわかっています。博多は古くからある地名でｂ奈良時代の記録にも登場します。もともと現在の博多湾沿岸と、そそぎこむ川の流域も含めた広い地域を指していたそうです。鎌倉時代には（　２　）が建国した元からの攻撃を受け戦場となりましたが、その後博多は、国際的な貿易の中心都市として栄えました。ｃ戦国時代になり、戦火のために再び衰退すると、織田信長の死後に関白となり天下統一を果たした（　３　）の町割によって復興しました。福岡という地名はｄ江戸時代のはじめ、初代福岡藩主の黒田長政が博多の西隣に新しく城下町を作るときに、黒田氏の先祖にゆかりのある備前（びぜん）国（現在の岡山県）の福岡にちなんで名づけました。その結果、福岡市は藩の政治の中心地である福岡と、商業や流通の町である博多が那珂川をはさんで存在するようになります。そして、1871年（明治４年）にはｅ明治政府の政策により福岡県が誕生しました。福岡雙葉学園はｆ1933年に幼きイエス会を母体として開校しました。そして、2023年には創立90年を迎えることになりました。

問１　文章中の（　１　）～（　３　）にあてはまる語句を答えなさい。ただし（　２　）（　３　）には人名を答えなさい。

問２　下線部ａについて、弥生時代に初めて使われたものを次のア～エから一つ選び、記号で答えなさい。

ア

イ

ウ

エ

問３　下線部ｂについて、この頃の国内の様子について説明した文章として正しいものを次のア～エから一つ選び、記号で答えなさい。
ア　藤原道長・頼通が、摂政・関白として天皇の政治を補佐した。
イ　憲法十七条では、天皇の命令に従うべきことや役人の心構えが示された。
ウ　開墾した土地を、個人のものとして所有することが認められた。
エ　全国の土地を調査し、土地の耕作者を検地帳に登録した。

問４　下線部ｃについて、右の史料は戦国時代に11年間京都で続いた戦いを描いています。**この戦いが、この後の社会に与えた影響について、戦いの名称を明らかにしながら説明しなさい。**

問４　下線部ｃについて、次の【グラフ】は福岡市の７区の昼夜間人口を示しています。また、【写真】は福岡市中央区天神の朝の様子を撮影したものです。グラフ及び写真から**博多区と中央区に共通する特徴を読み取り、その理由**も含めて説明しなさい。

【グラフ】

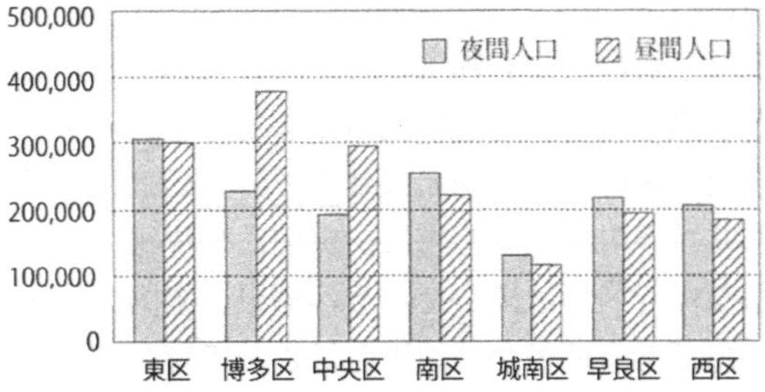

（平成27年国勢調査 福岡市ホームページより作成）

【写真】

問５　下線部ｄについて、愛知県を含む工業地帯について説明している文章として正しいものを次の**ア～エ**から一つ選び、記号で答えなさい。

ア　印刷業がさかんで、日本最大の製造品出荷額をあげている。
イ　明治時代に建設された製鉄所を中心として鉄鋼業が発達した。
ウ　かつて「天下の台所」と呼ばれた場所を中心に、せんい工業などの軽工業が発達した。
エ　自動車工業や楽器の製造がさかんに行われている。

問６　下線部ｅについて、アメリカ合衆国に関する【写真】と【説明文】の組み合わせとして正しいものを下の**ア～ク**から一つ選び、記号で答えなさい。

【写真】

①

②

③

④

【説明文】

Ａ　EU最大の農業国で、温暖な気候のもとでワインの生産などがさかんである。
Ｂ　首都はカイロで、世界最長のナイル川の流域では綿花などの栽培がさかんである。
Ｃ　世界最大の工業国で、五大湖周辺のデトロイトでは自動車産業がさかんである。
Ｄ　人口の９割が漢民族だが、55の少数民族がいる多民族国家でもある。

ア　①とＢ	**イ**　②とＣ	**ウ**　③とＡ	**エ**　④とＤ
オ　①とＡ	**カ**　②とＢ	**キ**　③とＤ	**ク**　④とＣ

4 タカコさんは水の性質を調べるために、**実験ⅠおよびⅡ**を行いました。次の会話文を参考にして、あとの問いに答えなさい。

タカコさん：さすがカツコさん、面白そうなテーマね。私は生物が生きていくのに欠かせない「水」に注目してみましょう。先生、何かアドバイスをいただけませんか？

シンジ先生：なるほど。水は多くのSDGsに関係していますね。例えば「飢餓(きが)をゼロに」というSDGsを実現するには、食糧(りょう)を保存、輸送する技術が必要です。鮮(せん)魚をトラックで輸送する時に、保冷剤として氷が使われる時があります。このとき、氷がとけてできた水を捨てながら走行しているのはご存じですか？

タカコさん：いえ、初めて知りました。①水の有無で氷のとけ方が違うということですか？

シンジ先生：いいところに気づきましたね。このことを実験で確かめてみてはいかがですか？

タカコさん：面白そうですね。他にはありませんか？

シンジ先生：地球温暖化で北極の氷がとけてしまうことが問題になっていますね。例えば水を凍(こお)らせる実験はどうですか？②氷がなぜ水に浮くのか考えてみると面白いですよ。また逆に、③氷をあたためると、一気に変化するのではなく、少しずつ様子が変わっていきますね。そのことから、どんなことが言えるでしょうか。

実験Ⅰ 図1のように凍らせても割れないプラスチック製のビーカーA・B・C（容量200mL）に水道水150mLを入れ、容器内の水がすべて凍るまで冷凍庫でゆっくり冷やしました。なお、ビーカーB・Cは水を注ぐ前に、下図の位置にドリルで直径1cmの穴を空けて、丈夫な防水テープでふたをしており、水は漏(も)れません。水をすべて凍らせたあと、冷凍庫から取り出して防水テープをはがし、室温25℃の机の上に置いて、氷のとける様子を観察しました。

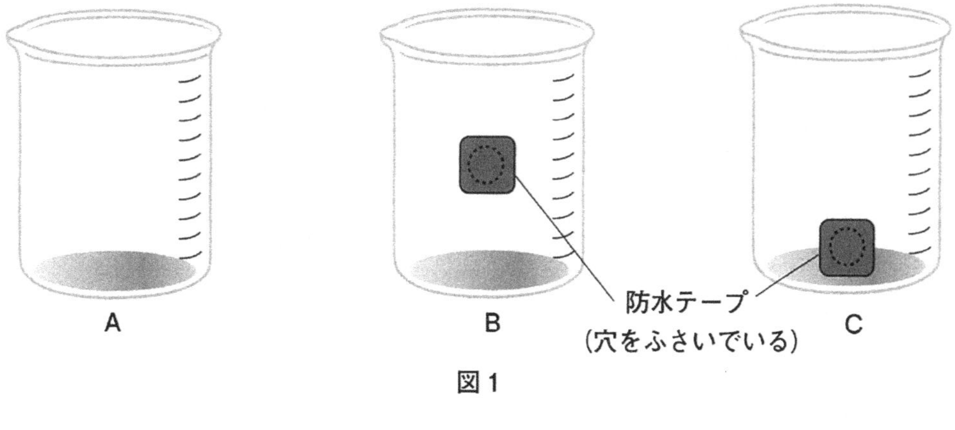

図1

問1 水などの物質が温度の変化により、固体、液体、気体と姿が変わることを何と言いますか。また、水が固体になったものを氷と言いますが、ドライアイスは何という物質が固体になったものでしょうか。

問3　**図2**の状態から動き始めた電磁石は、1回転せずに止まってしまいます。そこで、回転の途中で電磁石に流れる電流の向きを変えると、電磁石は回転を続けることができました。回転させ続けるために、電磁石に流れる電流の向きを変えるのは、電磁石の**D**側がどの位置を通過するときでしょうか。**図3**の**ア**～**エ**からすべて選び、記号で答えなさい。

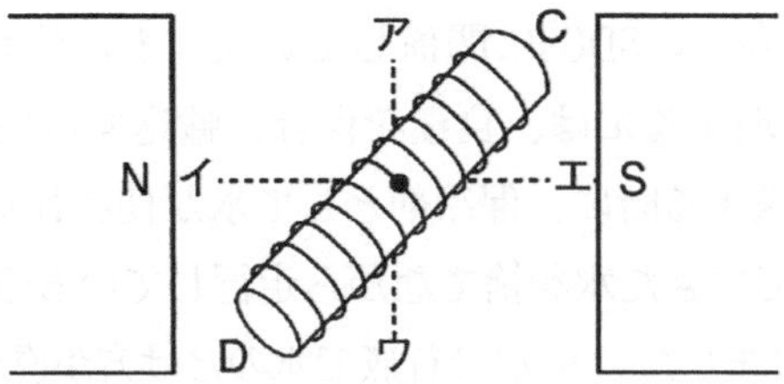

図3

問4　下線部②について、近年、環境に配慮（はいりょ）したモーターを使って走る「EV」と呼ばれるエコカーが開発されています。この「EV」とは何でしょうか、漢字で答えなさい。

問5　電磁石の性質を利用したものとして、**適切でないもの**を次の**ア**～**エ**から1つ選び、記号で答えなさい。

ア　リニア新幹線

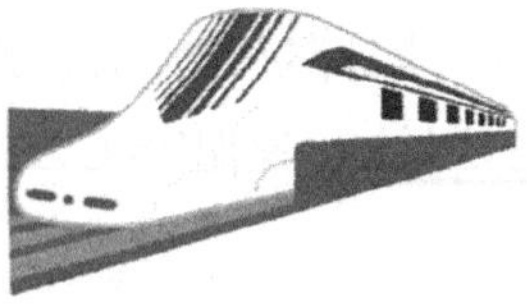

イ　スピーカー

ウ　機械式腕時計

エ　スマートフォンのバイブレーター

2 SDGsについての次の会話文を読み、あとの問いに答えなさい。

シンジ先生：SDGsには「海の豊かさを守ろう」、「陸の豊かさも守ろう」といったテーマもありますね。人間の生活と自然とは大きく関係しています。例えば、自然界の生物について調べる方法として、どのようなものがありますか？
タカコさん：実際に個体数を数えたり、小さい生物なら①けんび鏡で観察する方法があります。
シンジ先生：そうですね、それ以外に何か考えられますか？
タカコさん：実際にその生物を②育てて観察することで、その生物の仕組みを知り、様々な問題の対策に生かすことができると思います。

問1 下線部①について、けんび鏡の操作方法について、**図1**を参考にして、**A**をはじまりとして、**B**～**D**を正しい順に並び変えなさい。

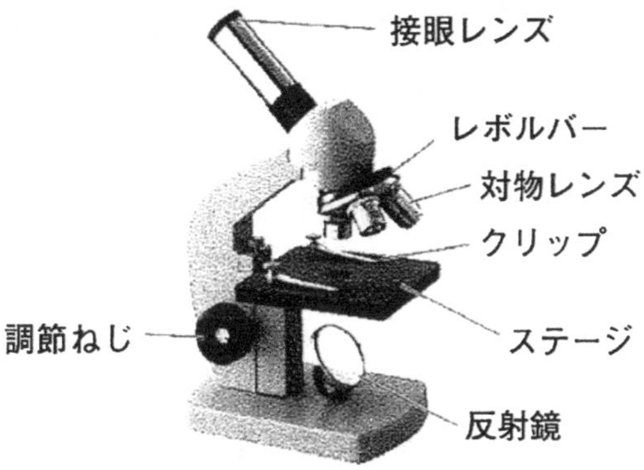

図1

A プレパラートをステージに置き、クリップでとめる。
B 接眼レンズをのぞきながら調節ねじを回し、ピントを合わせる。
C 横から見ながら、調節ねじを回し、対物レンズとプレパラートの間を近づける。
D 対物レンズを最も低い倍率にする。

問2 問1の**D**のそうさで、最も低い倍率にするのはなぜでしょうか。

問3 けんび鏡をのぞくと、アルファベットのHの文字が**図2**のように見えました。文字が中央に見えるようにするには、プレパラートを**A**か**B**のどちらの矢印の方向へ動かせばよいでしょうか。記号で答えなさい。

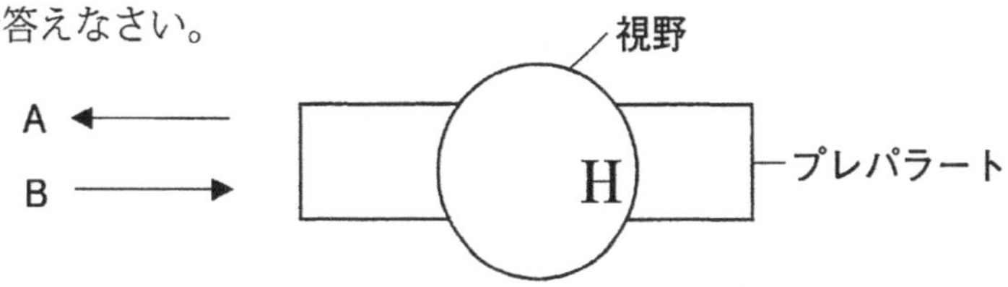

図2

問３　下線部②以外に、植物には葉から不要な水分を出すはたらきがあり、まわりの気温を下げる作用があります。この植物のはたらきを何といいますか。

問４　下線部③について、キュウリ以外に適している植物を、次の**ア～エ**から２つ選び、記号で答えなさい。

ア　ヘチマ

イ　ホウセンカ

ウ　アサガオ

エ　ヒマワリ

問５　下線部④について、この現象の直接的な原因として**誤っているもの**を、次の**ア～エ**から1つ選び、記号で答えなさい。

ア　地面の大部分がアスファルトやコンクリートでおおわれているため。
イ　工場などから排出される化学物質により酸性雨がふえたため。
ウ　ビルなどの建物が密集して、海や川からの風をさえぎっているため。
エ　エアコンの室外機や自動車などから、空気中に捨てられる熱が増えたため。

Ⅱ　気候変動とその影響に立ち向かうために、すべての国々で緊急対策を取り、⑤気候関連の自然災害に対する適応力を強化するという目標が掲げられています。特に日本で暮らす私たちは、世界でも自然災害が多く発生する地域に住んでいるので、⑥自然災害の原因となる異常気象への対策も考えていかなければなりません。

問６　下線部⑤について、日本における気候に関連する自然災害にはどんなものがあるでしょうか。猛暑以外に２つ答えなさい。

問７　下線部⑥について、気候を安定させるために個人の生活の中で、それぞれができることを実践していくことが求められます。自分が生活の中で実践できることと、その効果について述べなさい。

3　正方形の辺に，あるルールにしたがって数字を並べていきます。

ルール

・正方形の対角線が交わる点に 1 をおき，右の図の矢印の向きに数字を順に並べる。

・正方形の 1 辺に並ぶ数字の個数が奇数で，縦と横にちょうど同じ個数の数字が並んだ正方形を「ザ・正方形」と呼ぶ。

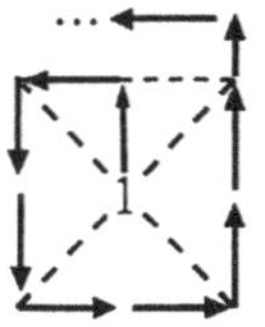

下の図は，ルールに従って，1 辺に並ぶ数字がそれぞれ 3 個，5 個になったザ・正方形です。

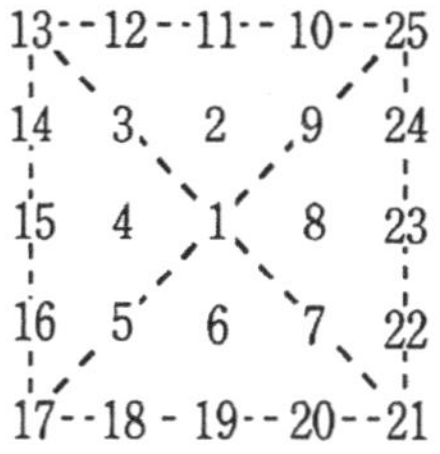

このとき，次の問いに答えなさい。

(1)　1 辺に並ぶ数字が 7 個になるようなザ・正方形の場合，並んだ数字の中で最も大きな数字は何ですか。

(2)　1 から 100 までの数字をルールに従って並べると，ザ・正方形になりますか。なる場合は○，ならない場合は×を書き，×の場合，その後どこまで数字を並べれば，ザ・正方形になるか，最も小さい数字で答えなさい。

(3)　正方形の中に 500 より大きい数字が出てくる場合，最初にできるザ・正方形は，1 辺に並ぶ数字が何個になりますか。また，そのザ・正方形を右の図のように ABCD とすると，500 はどの辺の上に並ぶか答えなさい。

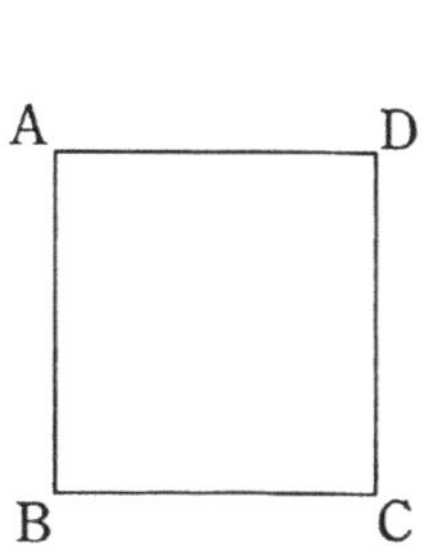

(7)　右の図のように，平行四辺形 ABCD と正三角形 EBC があります。このとき ①，② の角度をそれぞれ求めなさい。

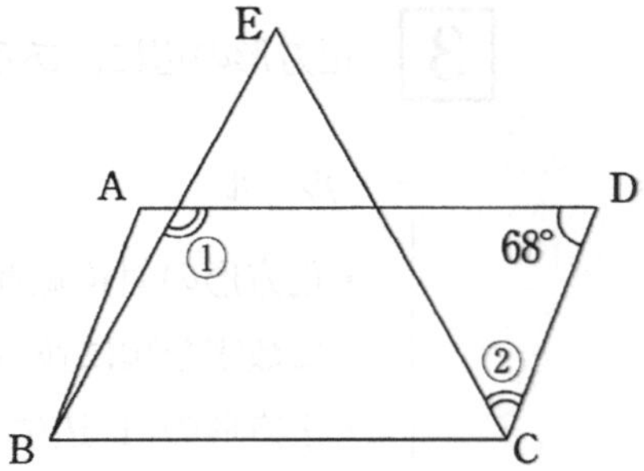

(8)　右の図の斜(しゃ)線部分のまわりの長さを求めなさい。ただし，円周率は 3.14 とします。

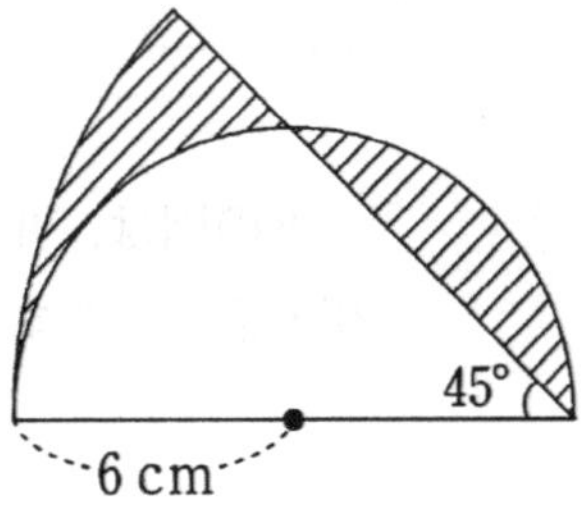

令和四年度　福岡雙葉中学校入学試験問題　国語

（50分）

問題の都合上、文章を変更している部分があります

※答えはすべて解答用紙に記入しなさい
※字はていねいに、はっきりと書きなさい
※「、」や「。」や記号も一字に数えます

【一】次の文章を読み、後の問いに答えなさい。

新聞を読むメリットはそれだけではありません。新聞を読んでいると、毎日情報が入ってくるので、「情報感度」が上がって、人と深い話ができるのです。新聞を読んでいる者同士であれば、当たり前に政治や経済の話ができます。

でも一人が新聞を読んでいてもう一人が読んでいなければ、そういう話はできません。「この人、ニュースを知らないな」と気づかれると、そもそも相手は①そういう話題はふってこないし、仮にしたとしても、議論は深まりません。

そうなりますと、どうしても社会以外のことに話題が行ってしまいます。「あのお店は美味しいよ」とか「最近、元気？」とか、ごく日常的な話題ばかりになってしまい、そういう次元の話ばかりしていると、社会に向けて意識が向きづらくなります。

今、まさに私は大学でこのことを痛感しているのです。今の大学生は新聞でニュースをざっと読む習慣がないので、急に「英国のEU[注1]問題について説明してください」と言っても、②深い話ができないのです。

しかし、こうした大学生たちも、新聞の切り抜きを二週間やるだけで、格段に中身の濃い話ができるようになります。

かつては日本のほとんどの世帯が新聞を取っていて、毎日の事件や出来事、社会の動きの情報を共有していました。刻一刻移り変わる社会の情報をみなが共有することで、人々の会話が成り立ち、日本の政治、経済を下支えしていたのです。

各家庭にはもちろんのこと、行く先々にも新聞があるのは当たり前でしたから、大学や会社にも新聞はあるわけで、家で読めなければ、そこで読んだり、通勤時に読むのも日常の光景でした。

ちなみに私が東京に出てきた頃は、電車の中で新聞を読む人がたくさんいました。今はみんなスマホをいじっていますが、当時はかなりの人が新聞を読んでいたのです。

しかも満員電車の中で、新聞をたてに四つ折りにして、周りの人に迷惑（めいわく）をかけないよう読む名人芸の人もたくさんいました。当時の人たちは満員電車の中で［　③　］、新聞を読みたいと思っていたんですね。④いい意味で活字中毒だったわけです。なぜそこまで中毒になってしまったのかというと、新聞はニュースペーパーというくらいですから、つねに新しい情報があふれていたからです。

そういった新鮮（しんせん）な情報にふれるのが心地よかったのです。⑤ここが本との決定的な違（ちが）いです。本は何百年も前に書かれたものもあるくらいで、時間的には昨日、今日の情報が載っているわけではありません。もう少し長いタイムスパンになります。

たとえば『論語』[注2]は二五〇〇年くらい前に書かれたものですから、[注3]普遍（ふへん）的な内容ではありますが、最近のことを知るには適していません。一方、新聞には日々のことが書かれているので、［　⑥　］の新陳代謝（しんちんたいしゃ）が盛んです。

日々更新される新しい情報を知りたいという欲求や、その情報にふれている満足感が、活字中毒を招いたといえます。

かつての日本には毎日そうやって新聞の情報を入手しないと気が済まない活字中毒の人たちが九割はいました。すごい社会だったんですね。

しかし私たちはそれをごく当たり前のことと思っていたので、日本がひじょうに［　⑦　］社会であることに気づきませんでした。

そして今、新聞を読まない人たちが圧倒（あっとう）的に増えてしまい、日常会話として政治、経済の深い話ができなくなってしまったのです。

物事の判断基準も変わってしまいました。基本情報量の多い人間が判断するのと、少ない人間が判断するのとでは、判断の精度にも大きな差が生まれます。

情報量が少ない人が判断するとどうなるのかというと、そのときの気分や個人の好き嫌い(きら)で判断するしかなくなります。大切なことを、そのときの気分や好き嫌いで判断するわけです。

今まさに日本ではそういう状況(じょうきょう)が進んでいるのです。

（齋藤　孝『新聞力』ちくまプリマー新書より）

注1　ＥＵ問題……イギリスがＥＵ（欧州(おうしゅう)連合）から離れるかどうかという問題。
2　論語……孔子の言行を記録した約二千年前の書物。
3　普遍的……すべてのことにあてはまること。

（一）――線部①「そういう話題」とは、どのような話題のことですか。「～の話題」に続くように、本文中から五字で抜き出しなさい。

（二）——線部②について、ここでの「中身の濃い話」の例として**適当でない**ものを、次のア〜エの中から一つ選び、記号で答えなさい。

ア 「食べられる」を「食べれる」と表現することは、「ら抜き言葉」といって、日本語の乱れであると、最近、問題視されている。

イ 摩擦（まさつ）力が働いているから、私たちはすべらないで歩くことができたり、イスに座ることができたりしている。

ウ 地球温暖化の解決には、太陽光や風力など再生可能なエネルギーへの切り替えが必要であると考えられている。

エ 子育てをしやすい社会にするため、男性の育児休暇（きゅうか）を推進する法案をまとめている。

（三）本文中の［③］にあてはまる助詞として最も適当なものを、次のア〜エの中から一つ選び、記号で答えなさい。

ア だけ　イ ばかり　ウ こそ　エ さえ

（四）——線部④について、「活字中毒」とは、どのような状態のことを指していますか。三十五字以内で答えなさい。

（五）——線部⑤「ここが本との決定的な違いです」とありますが、本と新聞の違いはどのようなところにありますか。それを説明した次の文の空らんに、それぞれ指定された文字数で言葉を入れて、一文を完成させなさい。

載（の）っている内容が、新聞は［Ⅰ（八字以内）］だが、本は［Ⅱ（十五字以内）］まで書かれているところが違う。

（六）［⑥］にあてはまる言葉を漢字二字で本文中から抜き出して、答えなさい。

（七）［⑦］にあてはまる言葉として最も適当なものを、次のア～エの中から一つ選び、記号で答えなさい。

ア　知的レベルの高い　　イ　知的レベルの低い　　ウ　伝達量の多い　　エ　メディアの種類の多い

（八）＝＝＝線部について、日本の政治・経済を支えていたのは日本人のどのような能力であったと、筆者は考えていますか。それについて説明した次の文の空らんに入る言葉を、本文全体の内容をふまえてそれぞれ答えなさい。ただし、空らん【　A　】は本文中から漢字三字で抜き出し、空らん【　B　】は本文中の語を用いて二十字以内で答えること。

世の中のほとんどの人が多くの【　A　】を持っていたので、【　B　】と、筆者は考えている。

（九）次の四人のうち、本文について正しく理解している人は誰ですか。A～Dの記号から一つ選んで答えなさい。

Aさん：最近の大学生は新聞を読まないと書いてあるけれど、ネットニュースは一日に何度も見てるよね。新しい情報を知りたい人にとっては、便利な世の中になったと筆者は喜んでいるわね。

Bさん：でも、ネットニュースに信頼性があるかどうか、筆者みたいに疑う人もいるわよ。

Cさん：ふうん。ニュースより本を片っぱしからたくさん読む方が、正しい情報が得られるし、多くの情報を知ることができるから、筆者は読書することも大切だって言ってるね。

Dさん：国民のほとんどが新聞を読み、毎日の新しい出来事を知ることで世の中がどのように進むべきであるか判断できていたかつての日本人を、筆者はとても高く評価しているのね。

【二】次の文章を読み、後の問いに答えなさい。

「これから、塾？」

「はい」と答えた。バッグの中には塾で使う問題集とノートが入っている。

「千穂ちゃん、偉いわねえ。真面目に勉強して。それに比べて、うちの真奈ったら、受験なんてまだまだ先のことだってＡ涼しい顔してるのよ。塾にも通ってないし。ほんと、千穂ちゃんをちょっとでも見習って、しっかりしてほしいわ」

そんなこと、ありません。

千穂は胸の内で、かぶり（注1）を振った。

真奈は偉いと思います。しっかり、自分の将来を考えてます。あたしなんかより、ずっと……。

「千穂、これ、まだ誰にも言ってないんだけど……①あたし、お父さんみたいになりたいなって思ってるんだ。パン職人」

今日のお昼、一緒にお弁当を食べていた時、真奈が［(a)］つぶやいた。昼食の前、四時限めに、来年にひかえた受験に向けて志望校をどう決定していくか、どう絞っていくか、担任の教師から説明を受けたばかりだった。

「……高校受験というのは、ただの試験じゃない。きみたちの将来につながる選択をするということなんだ。具体的な職業までは無理としても、自分は将来、何がしたいのか、あるいはどんな人間になりたいのか、そういうことをじっくり考えて進路を選択してもらいたい。自分の意志が必要なんだ。自分の将来を自分自身で選択するという意志をもってもらいたい」

いつもはのんびりした口調の担任が、生徒一人一人の顔を見やりながら、［(b)］言いきった。意志をもってもらいたい。その一言を千穂が心の中で反芻（注2）していた時、「パン職人」という言葉が耳に届いたのだった。

「なんかさ、うちのお父さん、普通のおじさんなんだけど、パンを作ってる時だけは、どうしてだかかっこよく見えるんだよね。作ったパンもおいしいしさ。お客さん、すごく嬉しそうな顔して買いに来てくれるんだよね。なんか、そういうの見てるといいかなって、すごくいいなって。もちろん、大変なのもわかってる。朝なんてめちゃくちゃ早いしさ、うちみたいに全部手作りだと、ほんと忙しいもの。嫌だなあって思ってた時もあったんだけど……実はね、千穂」

「うん」

「この前、お父さんと一緒にパン、作ってみたの」

「へえ、真奈が？」

「うん。もちろん、売り物じゃなくて自分のおやつ用なんだけど、すごく楽しくて……あたし、パン作るの好きなんだって、本気で思った。だからね、高校卒業したらパンの専門学校に行きたいなって……思ってんだ」

少し照れているのか、頬を赤くして真奈がしゃべる。そこには確かな自分の意志があった。

②真奈って、すごい。

心底から感心してしまう。すごいよ、真奈。

真奈が顔を覗き込んでくる。

「千穂は画家志望だよね。だったら、やっぱり芸術系の高校に行くの？」

「え……あ、それはわかんない」

「だって、千穂、昔から言ってたじゃない。絵描きさんになりたいって。あれ、本気だったでしょ？」

「……まあ。でも、それは……」

夢だから。口の中で呟き、目を伏せる。③うつむいて、そっと唇を噛んだ。

山野のおばさんに頭を下げて、また、歩きだす。さっきより少し足早になっていた。花屋、喫茶店、スーパーマーケット、ファストフードの店、写真館……見慣れた街の風景が千穂の傍らを過ぎていく。

足が止まった。

香りがした。とてもいい香りだ。焼きたてのパンとはまた違った芳しい匂い。立ち止まったまま視線を辺りに巡らせた。写真館と小さなレストランの間に細い道がのびている。アスファルトで固められていない土の道は緩やかな傾斜の上り坂になっていた。この坂の上には小さな公園がある。そして、そこには……。

大きな樹。

枝を四方に伸ばし、緑の葉を茂らせた大きな樹がある。小学校の三、四年生まで真奈たちとよく公園に遊びに行った。みんな、大樹がお気に入りで、競って登ったものだ。

あれは、今と同じ夏の初めだった。幹のまん中あたりまで登っていた千穂は足を踏み外し、枝から落ちたことがある。かなりの高さだったけれど奇跡的に無傷ですんだ。しかし、その後、大樹の周りには高い柵が作られ簡単に近づくことができなくなった。木登りができなくなると、公園はBにわかに退屈なつまらない場所となり、しだいに足が遠のいてしまった。中学生になってからは公園のことも、大樹のことも思い出すことなどほとんどなかった。

それなのに、今、よみがえる。

大きな樹。卵形の葉は、風が吹くと［(c)］優しい音を奏でる。息を吸い込むと、緑の香りが胸いっぱいに満ちてくる。

（あさの　あつこ『みどり色の記憶』より）

注1　かぶりを振った……否定をする、の意。

2　反芻……繰り返す、の意。

（一）══線部A「涼しい顔」、B「にわかに」の本文中の意味として最も適当なものを、次のア～エからそれぞれ一つずつ選び、記号で答えなさい。

A「涼しい顔」
- ア　ばかにして取り組もうとしないさま
- イ　心地よさそうにしているさま
- ウ　動揺を隠そうとするさま
- エ　自分には関係ないように振る舞うさま

B「にわかに」
- ア　勢いよく
- イ　少し前から
- ウ　突然
- エ　次第に

（二）空らん (a) ～ (c) にあてはまる言葉の組み合わせとして最も適当なものを、次のア～エの中から一つ選び、記号で答えなさい。

	(a)	(b)	(c)
ア	ぼそりと	きっぱりと	サワサワと
イ	ぶつぶつと	あっさりと	サワサワと
ウ	ぼそりと	あっさりと	キラキラと
エ	ぶつぶつと	きっぱりと	キラキラと

（三）──線部①について、なぜ真奈はこのように考えたのですか。その理由を説明した次の文の空らんに、それぞれ指定された文字数で言葉を入れて、一文を完成させなさい。

作ったパンでお客さんに ［Ⅰ（五字以上、十字以内）］ ことができる父親への ［Ⅱ（四字）］ を抱いているというだけでなく、自分は ［Ⅲ（十字以上、十五字以内）］ と気付いたから。

（四）━━━線部②について、千穂は真奈のどういうところに感心しているのですか。四十字以内で説明しなさい。

（五）━━━線部③について、このときの千穂の気持ちとして最も適当なものを、次のア～エの中から一つ選び、記号で答えなさい。

ア　自分とは違い、やりたいことを見つけて嬉しそうにしている真奈をうらやんでいる。
イ　好きなことがあるにもかかわらず、その道に進む勇気がない自分を情けなく思っている。
ウ　好きなことはあるが、その分野についての才能が全くない自分を情けなく思っている。
エ　自分の気持ちを分かろうとしてくれない「山野のおばさん」にいら立っている。

（六）本文で、最初に場面が変わるところはどこですか。その初めの五字を抜き出して答えなさい。

（七）本文の最後に「大きな樹」が登場しますが、その説明として最も適当なものを次のア～エの中から一つ選び、記号で答えなさい。

ア　将来について悩んでいた千穂に、夢中になることができていた昔の自分の姿を思い出させ、現在の姿を見つめなおすきっかけとして登場している。
イ　昔の楽しかった記憶を思い出すことによって今の悩みをいったん忘れ、元気を取り戻すための活力を与えてくれる存在として登場している。

ウ　真奈に将来への不安を打ち明けることができていない千穂に、子どもの頃を思い出させ、本心を伝え合うことができていた当時の二人の関係に戻れるように導く存在として登場している。

エ　「大きな樹」から足を踏み外して枝から落ちるという困難を乗り越えたことを思い出させ、今直面している困難にも打ち勝つ強さを千穂に与える存在として登場している。

【三】次の各問いに答えなさい。

（一）次の□にあてはまる漢字の部首名として適当なものを、後のア～カの中からそれぞれ一つずつ選び、記号で答えなさい。

①　雲散□消　②　針小□大　③　前代未□　④　三寒四□　⑤　有名□実

ア　みみ	イ　れっか	ウ　あめかんむり	エ　もんがまえ	オ　きへん	カ　さんずい

（二）次のことわざには**誤って**使われた漢字があります。それぞれ一字ずつ抜き出して、正しい漢字に直し、ことわざを完成させなさい。

① 馬の耳に年仏

② 焼け岩に水

③ 千理の道も一歩から

④ 三つ子のたましい十まで

⑤ けがの高名

（三）次の語の対義語として最も適当なものを、後の【語群】から一つずつ選び、**漢字に直して**答えなさい。

① 退歩　② 革新　③ 損害　④ 垂直

【語群】

じりつ・すいへい・ほしゅ・へいさ・しんぽ・りえき

（四）次の□に共通してあてはまる体の部分を表す言葉を漢字一字で答え、慣用句を完成させなさい。

① □を巻く・□が回る・□を出す

② □を折る・□であしらう・□が高い

③ □を食いしばる・□が立たない・□が浮く

【四】次の①〜⑩の――線部のカタカナは漢字に直し、漢字は読みをひらがなで答えなさい。

① ジュウジュンな態度。

② ネンリョウが足りなくなる。

③ 地震のゼンチョウ。

④ 博士課程をオサめる。

⑤ ヒカン的な意見を述べる。

⑥ セイケツな服装を心がける。

⑦ 県外にテンキョする。

⑧ ホウリツで定められている。

⑨ 王の命令に背く。

⑩ この試合の要は彼女だ。

令和４年度　福岡雙葉中学校　入学試験問題

（50分）

1 次の計算をしなさい。ただし，(5) は □ にあてはまる数を答えなさい。

(1) $8+42\div2-4\times(2+3)$

(2) $\left(\frac{1}{2}+\frac{1}{6}+\frac{1}{12}\right)\times\frac{4}{3}$

(3) $3.14-\frac{1}{10}-0.08\times0.5$

(4) $38\times92+38\times74+38\times34$

(5) $\left\{27-\left(\square-11\right)\div3\right\}\times6=48$

2 次の問いに答えなさい。

(1) 5 教科のテストのうち，4 教科の得点は 72，65，90，81 です。5 教科のテストの平均が 75 点のとき，残りの 1 教科の得点を求めなさい。

(2) $\frac{193}{111}$ を小数で表したとき，小数第 10 位の数字は何ですか。

(3) 1 ha（ヘクタール）＝ □ m^2 です。□ にあてはまる数を答えなさい。

(4) 花子さんは 5 kmマラソンに出場し，40 分でゴールしました。花子さんは時速何km で走りましたか。

(5) ある年の 1 月 1 日は土曜日でした。1 年を 365 日と考えて，次の年の 1 月 1 日は何曜日ですか。

(6) ある姉妹の年れいを合計すると 28 になり，5 年前の年れいを比で表すと 2：1 になります。今の姉は何才ですか。

5 教室でふたばさんとあおいさんは分数について，次のように話をしています。その会話を聞いて，先生が問題を出しました。会話中の（ア）～（キ）に適する数または語句を答えなさい。同じ記号には同じものが入ります。ただし，（イ），（ウ）については，「偶数」「奇数」のどちらかが入ります。解答用紙の適する方に○をつけなさい。

ふたば：分数を次のように並べてみたよ。どんなルールで並べたか分かるかな。

$$\frac{1}{2}, \frac{1}{3}, \frac{2}{3}, \frac{1}{4}, \frac{2}{4}, \frac{3}{4}, \frac{1}{5} \cdots$$

あおい：分母の数字と分子の数字に関係があるね。

ふたば：そうね。では，このあと，このルールにしたがって分数を並べていくと，分母の数字が 6 の分数は何個できると思う？

あおい：わかった。分母が 6 の分数は［（ア）］個できるよ。

ふたば：正解。授業で分数の約分について学習したけど，ちょっと考えてみよう。

あおい：分数の中には $\frac{2}{4}$ みたいに，約分できる分数があるね。

ふたば：よく見てみると，分母が 3 から 6 までの分数では，分母が［（イ）］の場合は約分できる分数はなくて，分母が［（ウ）］の場合は約分できる分数が混ざっているね。

あおい：本当だね。では分母の数を 6 より大きくしても，この関係がずっと続くのかな。

ふたば：分母が［（イ）］の場合を考えていくと，最初に約分できる分数が混ざっているのは，分母が［（エ）］の場合だね。つまり，ずっと続くわけではないみたいだね。

先　生：2 人でよく考えていますね。では，2 人に問題です。

このルールで分数を 100 個並べます。分母が奇数である分数は何個あるでしょうか。 ただし，約分できる分数は，約分した後の分数で考えてください。

ふたば：まずは，100 個目の分数の分母が何になるか考えてみよう。

あおい：100 個目は分母が［（オ）］の分数になったよ。

ふたば：100 個の中で，約分する前に分母が奇数のものは［（カ）］個あるね。

あおい：先生，答えがでました。答えは［（キ）］個です。

先　生：正解です。2 人ともよく考えることができましたね。

令和４年度　福岡雙葉中学校　入学試験問題　理科

　中学１年生のヒロコさんは、校内マラソン大会に向けて張り切っています。「出場するからには優勝よ！私はクラスで一番100m走が速かったんだから！」張り切るヒロコさんに、元マラソン選手のお母さんがアドバイスをくれました。「がんばってね。マラソンはペースを考えて走ることが大切よ。」そこへ元ウエイトリフティング選手のお父さんもやってきて、家族そろってのトレーニングが始まりました。「さあ特訓だ！」

(30分)

問１　人が全力で走ったとき、時間と速さの関係はどのグラフで表されますか。次の**ア**～**エ**からもっとも近いものを選び、記号で答えなさい。ただし、走りはじめの時間を０とします。

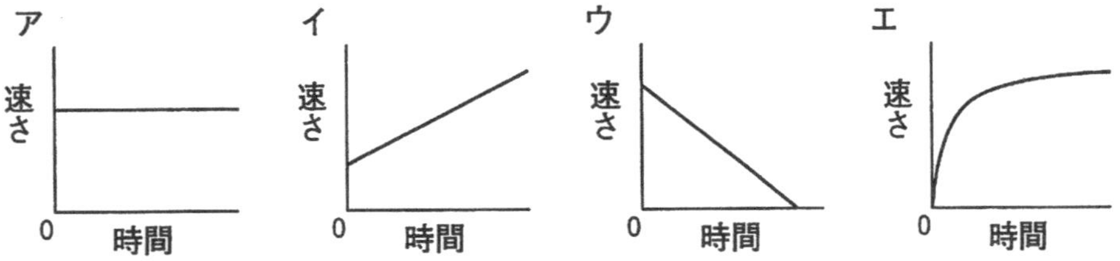

問２　ヒロコさんの100m走のタイムは16秒でした。ヒロコさんが走る速さは、平均すると毎秒何mですか。また、この速さで１時間走ったとすると、何m進むことができますか。

問３　マラソン選手とウエイトリフティングの選手では発達している筋肉の種類が違います。魚で例えると、マラソン選手の筋肉は赤身魚、ウエイトリフティングの選手の筋肉は白身魚に近いと言われています。魚の例を参考にして、マラソン選手とウェイトリフティングの選手の筋肉のはたらきの違いについて説明しなさい。

　いよいよ本番当日。今日は晴天、マラソン日和（びより）です。「今日はがんばりましょうね！」スタートラインに立つヒロコさんに、キョウコさんがかけよってきました。そして、スタートの合図が鳴った瞬（しゅん）間、二人は走り始めました。マラソンのコースは自然に囲まれており、二人が最初の角を曲がると、たくさんのハトが木々の間から飛び立つのが見えました。

問４　ハトの体の表面は何でおおわれていますか。その名前を答えなさい。また、そのはたらきを説明しなさい。

問５　ハトと同じ動物のなかまを次の**ア**～**オ**の中から２つ選び、記号で答えなさい。

ア　ライオン　　**イ**　カラス　　**ウ**　コウモリ　　**エ**　ペンギン　　**オ**　トカゲ

「ゴール！優勝は１年生のキョウコさんです！」大きな歓声の中、キョウコさんは１位でゴールすることができました。ヒロコさんが、たくさんの選手の後ろの方で、ブツブツ言いながら走ってきました。「ヒロコさんらしいね。頑張れ！」同じクラスのミツコさんやヤヨイさん、担任のシンジ先生も一緒に笑っていました。

辺りが少しずつ暗くなり、ちらほらと街灯がつき始めました。

問12　かん電池を使って電気の性質を調べる実験をしました。かん電池と豆電球を次の**ア**～**オ**のようにつないだとき、①～③に当てはまるものを１つずつ選び、記号で答えなさい。

ア

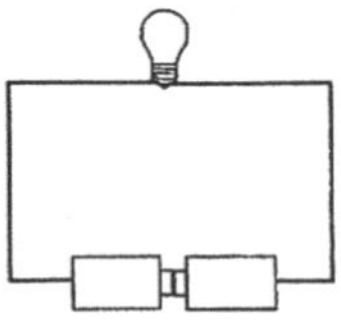

イ

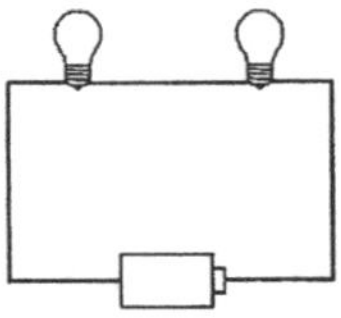

ウ

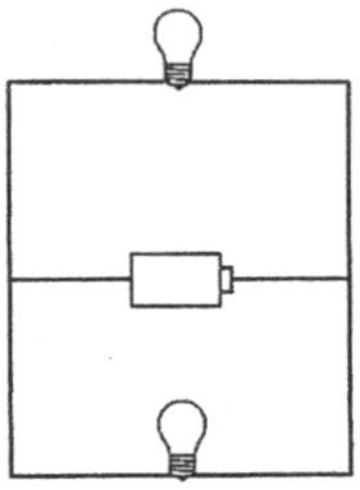

エ

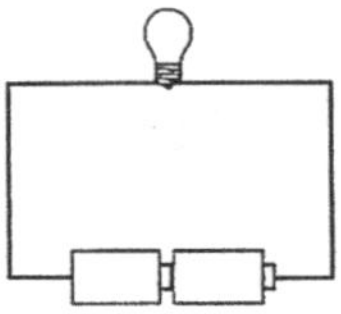

オ

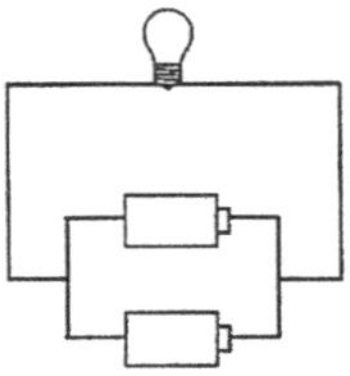

①　豆電球が一番明るくつくもの

②　豆電球がまったくつかないもの

③　豆電球が一番長い時間ついているもの

問13　次の会話文を読み、（①）～（④）に当てはまる言葉や数字を答えなさい。

ヒロコさん「マラソンの後の水っておいしい！そういえばこの水はいま何℃くらいかなあ。」

お母さん　「よし、少し計算してみよう。ここに、20℃の水と50℃の水があるよ。50gずつはかって混ぜてみよう。どうなったかな？」

ヒロコさん「35℃になったよ。同じ重さなので平均の温度になったということかな。」

お母さん　「その通り。では、20℃の水40gを50℃の水60gに混ぜると何℃になるかな。」

ヒロコさん「50℃の水のほうが多いから、平均の35℃より（①）くなるよね。」

お母さん　「水のおもさの割合を考えて計算すれば何℃かまで予想できるよ。」

ヒロコさん「えーっと、（②）℃かな？」

お母さん　「正解。同じように考えると０℃の水20gを30℃の水80gに混ぜると（③）℃になるよね。もし、この０℃の水を０℃の氷に変えると、氷がとけるときにさらに温度が下がるから、０℃の氷20gを30℃の水80gに混ぜた時の温度は、（③）℃より（④）くなるはずだね。」

令和４年度　福岡雙葉中学校入学試験問題　社会

（30分）

1　福岡雙葉中学校に通う４人の生徒の会話文を読んで、あとの問１から問９に答えなさい。

かおるさん：2018年に（　1　）県と熊本県の天草地方の潜伏キリシタン関連遺産がａ世界遺産に登録されましたね。これで日本の世界遺産の登録数は23件になったんだよ。今年（2021年７月現在）もｂ沖縄や西表島、北海道や東北地方の縄文遺跡が候補に挙がっているね。

みそのさん：夏休み、私たちのグループは世界遺産について調べてみるのはどうだろう。気になっている日本の世界遺産があるんだけど…。

なつきさん：それはいいアイディアね。私は世界の歴史が大好きだから、海外の世界遺産について調べてみようと思う。

ゆきえさん：じゃあ、私はみそのさんと同じ日本の世界遺産について図書館で調べてみるよ。

かおるさん：私は世界の地理に興味があるから海外の世界遺産を調べてみるね。じゃあ、みんなそれぞれ世界遺産について調べてみましょう。

４人は自分の興味がある世界遺産について調べ、休み明けに研究成果を話し合うことにしました。

かおるさん：私は（　2　）の世界遺産について調べてみたよ。多くの古代遺産が残っているローマはコロッセウムなどの巨大な建造物が有名で一度見てみたいなあと思ったよ。夏はｃ日差しが強く乾燥していて、その気候に合わせた農業も行われています。ローマ市内には世界で一番小さな国（　3　）市国もあり、聖堂の写真を見たけどとても綺麗だったよ。

なつきさん：私が調べた（　4　）のパリにあるヴェルサイユ宮殿の映像を見たけど、敷地も宮殿内もとても豪華で驚いたよ。シャンデリアが素敵な鏡の間がとても印象に残った気がする。（４）は北海道とほぼ同じ緯度なのに冬でも比較的暖かいみたい。ｄロンドンは行ったことがあるから次は（４）にも行きたいなあ。

みそのさん：私は（　5　）県にある２つの世界遺産に行ってきたよ。人類史上初めて原子爆弾が投下された原爆ドームと平和記念資料館では、当時の被害の様子を知ることができて良かったです。あと、宮島の厳島神社にも行ってきたよ。福岡に帰る途中にはｅ瀬戸内工業地域の工場群が見え、とても印象的でした。

ゆきえさん：私は岐阜県にある白川郷について調べてみたよ。この地域はｆ合掌造りの集落が多く残っているね。岐阜県の周辺にある愛知県から三重県にかけて広がる中京工業地帯は日本最大の製造品出荷額をほこり、中心となっているのは【　Ｘ　】産業で、愛知県豊田市は特に有名なんだって。

問１　文章中の（　1　）～（　5　）にあてはまる国名や県名を答えなさい。

問２　下線部ａについて、世界遺産を決定する機関を次のア～エから一つ選び、記号で答えなさい。

ア　WTO　　　イ　ASEAN　　　ウ　UNESCO　　　エ　UNICEF

2　次の年表を見て、あとの問１から問９に答えなさい。

時期	できごと
紀元前２世紀頃～	a 青銅製の祭りの道具がつくられた。
４世紀頃～	b 近畿地方を中心に統一的な政権が成立した。
538年	c 朝鮮半島から仏教が伝来した。
	【　A　】
607年	遣隋使（　1　）が派遣された。
645年	中大兄皇子らによる（　2　）が始まった。
	【　B　】
701年	d 大宝律令が制定された。
743年	（　3　）天皇の時代、東大寺の大仏の造立が始まった。
	【　C　】
894年	e 遣唐使の派遣が停止された。
	【　D　】
10世紀頃～	f 武士が台頭した。
1868年	g 明治維新がすすめられた。

問１　年表中の（　1　）～（　3　）にあてはまる語句を答えなさい。

問２　下線部aについて、次の（1）（2）の問いに答えなさい。

（1）右の**写真１**は、これらの道具の一つです。この道具がつくられた時代について説明した文として正しいものを次の**ア～エ**から一つ選び、記号で答えなさい。

ア　マンモスやナウマンゾウなど大型の動物が移り住んできた。

イ　狩りには弓矢を用い、漁業には骨角器を用いるようになった。

ウ　大陸から米づくりが伝わり、石包丁を使って収穫をおこなうようになった。

エ　地球の気温が上昇して海水面が高くなり、現在の日本列島が誕生した。

（2）右の**写真２**は、**写真１**の表面に見られる絵です。この絵に見られる食料を保存するためにつくられた建物を答えなさい。

写真１

写真２

問３　下線部bについて、**写真３**はこの時代に作られた当時のリーダーの墓です。この墓の形を**漢字５文字**で答えなさい。また、この墓がある場所として正しいものを次の**ア～エ**から一つ選び、記号で答えなさい。

ア　青森県　　**イ**　大阪府　　**ウ**　東京都　　**エ**　福岡県

写真３

問４　下線部ｃについて、この頃の国内の様子を説明した文として正しいものを次の**ア～エ**から一つ選び、記号で答えなさい。

ア　邪馬台国の女王卑弥呼が30ほどの国をまとめて政治をおこなっていた。
イ　モンゴル軍との戦いに備えて、海岸に石の防壁が築かれた。
ウ　空海や最澄によって、仏教の教えが庶民に広まった。
エ　大王が、氏でまとまった豪族に対して姓という地位を表す称号を与えた。

問５　下線部ｄについて、この内容を説明した文として**あやまっているもの**を次の**ア～エ**から一つ選び、記号で答えなさい。

ア　地方が国・郡・里にわけられ、制度が整えられた。
イ　農民には、租・庸・調などの税が課せられた。
ウ　九州には大宰府が置かれ、外交窓口としての役割を担った。
エ　個人の能力に応じて位を与え、位は冠の色で表された。

写真４

問６　下線部ｅについて、遣唐使が停止された理由を**２点**説明しなさい。

問７　右の**写真４**の人物が来日した時期を年表中の【　Ａ　】～【　Ｄ　】から一つ選び、記号で答えなさい。また、この人物の名前を**漢字**で答えなさい。

問８　下線部ｆについて、次の**史料Ａ～Ｃ**は、武士政権のもとで出された法令を現代語に訳したものです。これに関する、次の（１）～（４）に答えなさい。なお、史料は時代順に並んでいるとは限りません。

史料Ａ	史料Ｂ	史料Ｃ
諸国の百姓たちが、刀やわきざし、弓、やり、鉄砲、その他の武器などをもつことをかたく禁止する。	一　文武・弓馬の道にはげむこと。 一　大名は領地と【　Ｘ　】に交代で住み、毎年４月に参勤すること。	安土城下町に定める 一　この町を楽市と命じたからには、座の規制や税などは一切免除する。

（１）**史料Ａ**の法令を出した人物の説明として正しいものを次の**ア～エ**から一つ選び、記号で答えなさい。

ア　鎌倉幕府の執権として、承久の乱に勝利した。
イ　全国を統一して、太閤検地などをおこなった。
ウ　娘を天皇のきさきとして実権をにぎり、武士としてはじめて太政大臣になった。
エ　仏教勢力をおさえ、キリスト教を積極的に保護した。

（２）**史料Ｂ**の空欄【　Ｘ　】にあてはまる地名を**漢字２文字**で答えなさい。
（３）**史料Ｃ**について、この法令を出した人物の名前を答えなさい。
（４）**史料Ａ～Ｃ**を成立した順に並び替え、解答らんにあてはまるように答えなさい。

（その４）

【四】

①	⑤	⑨
		く
②	⑥	⑩
③	⑦	
④	⑧	
める		

【三】

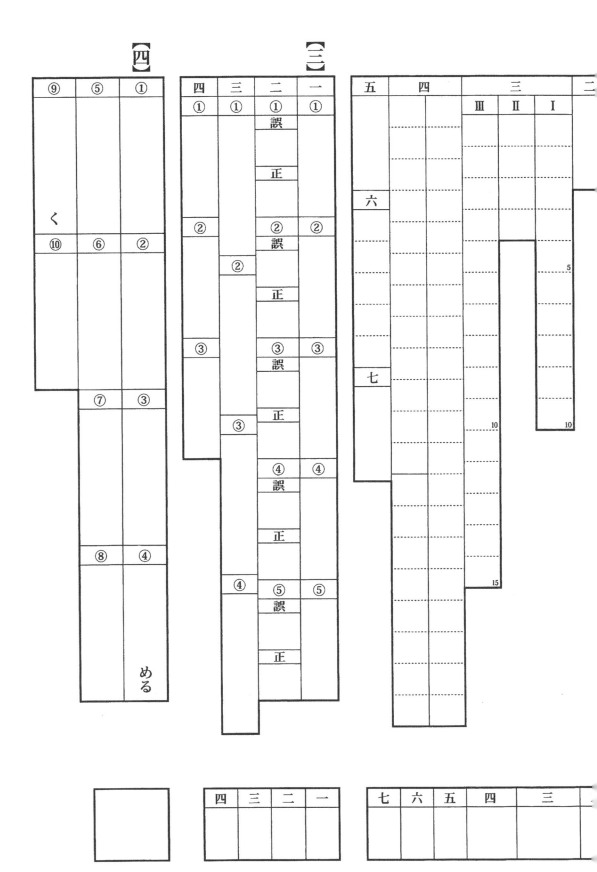

一	二	三	四
①	① 誤 / 正	①	①
②	② 誤 / 正	②	②
③	③ 誤 / 正	③	③
④	④ 誤 / 正	④	
⑤	⑤ 誤 / 正		

二	三 Ⅰ	三 Ⅱ	三 Ⅲ	四	五	六	七
	5 10		10 15				

一	二	三	四

三	四	五	六	七

令和４年度　福岡雙葉中学校　入学試験　算数　解答用紙

1

(1)		(2)		(3)		(4)		(5)	

小　計

2

(1)	点	(2)			(3)	
(4)	時速　　km	(5)		曜日	(6)	才
(7)	cm^2	(8)	ア	度	イ	度

小　計

3

(1)	m	(2)	分速　　m	(3)	分速　　m
(4)	m				

小　計

【解答用

令和４年度　福岡雙葉中学校入学試験　理科　解答用紙

問1		問2 平均の速さ	毎秒　　m	1時間で進む距離	m
問3					
問4	名前		はたらき		
問5					
問6	(1)			(2)	と
問7	雲の名前				
	天気				
問8	ボールの場所		力の名前		

【解答用

令和４年度　福岡雙葉中学校入学試験　社会解答用紙

1

問 1	(1)		(2)		(3)	
	(4)		(5)		問 2	
問 3		問 4		問 5	月　　日　午前・午後　　時	
問 6						
問 7						
問 8		問 9				

小計

2

問 1	(1)		(2)		(3)		
問 2	(1)	(2)					
問 3	墓の形	場所	問 4		問 5		

【解答用

問 7	時期	名前	

問 8	(1)	(2)	(3)		
	(4) → →	問 9	(1)	(2)	

小計

3

問 1		問 2			
問 3					
問 4				問 5	
問 6					

小計

総　点

受験番号		氏名	

※50点満点
（配点非公表）

問9				
問10	①	②	③	④
問11 Aがくもった理由				
Bの状態				
問12	①	②	③	
問13	①	②	③	④

受験番号		氏名		得点	

※50点満点
（配点非公表）

4

[1]

(1)	cm³	(2)	cm³	(3)	cm²

[2]

(1)	cm³	(2)	cm²

小　計

5

(ア)		(イ)	偶数　　奇数		(ウ)	偶数　　奇数	
(エ)		(オ)		(カ)		(キ)	

小　計

総　　点

※100点満点
（配点非公表）

受験番号		氏名	

2022(R4) 福岡雙葉中
K 教英出版

令和四年度　福岡雙葉中学校入学試験　国語解答用紙

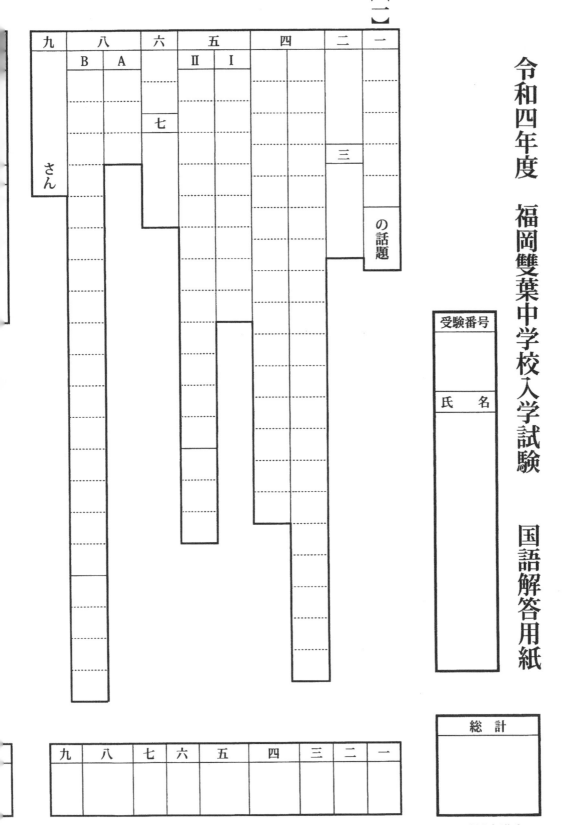

受験番号
氏　名

【一】

一		の話題
二		
三		
四		
五	Ⅰ	
五	Ⅱ	
六		
七		
八	A	
八	B	
九		さん

一	二	三	四	五	六	七	八	九

総　計

※100点満点
（配点非公表）

3　次の文を読んで、あとの問１から問６に答えなさい。

2020年３月、日本で初めてとなる【　X　】Gの商用サービスが始まりました。この特徴は超高速大容量、超低遅延、多数同時接続にあります。これらの特徴を活かして、今後はａIoT化が進むと考えられています。

1980年代に第１世代移動通信システム（1G）が登場し、1990年代にインターネットの普及が進んでから、ｂ情報通信技術（ICT）はめざましく発達してきました。近年はｃAI（人工知能）がビッグデータを処理し実用化が進められています。

2021年９月、菅政権がデジタル改革を掲げ、デジタル庁を発足させました。このデジタル庁で働く人の一部は、民間からｄ内閣が任命する予定です。しかし、行政のデジタル化を進めるには様々なｅ課題があります。

問１　文章中の空欄【　X　】にあてはまる数字を答えなさい。

問２　下線部ａについて、IoTは英語３語の頭文字をとった言葉です。oはof、TはThingsですが、Iは何を意味しますか。次のア～エから一つ選び、記号で答えなさい。

ア　Information（インフォメーション）
イ　Internet（インターネット）
ウ　International（インターナショナル）
エ　Interview（インタビュー）

問３　下線部ｂについて、右のグラフは、日本の主な情報通信機器の世帯保有率の推移を表しています。これをみると、パソコンと固定電話の保有率が減少しています。その理由を、グラフ内にある機器の名称を用いて説明しなさい。

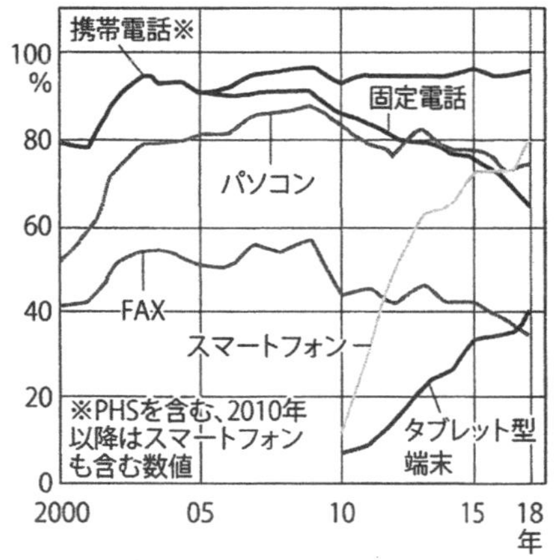

主な情報通信機器の世帯保有率

（総務省データより作成）

問４　下線部ｃについて、AIの活用例を医療関連で一つ答えなさい。

問５　下線部ｄについて、内閣の仕事を次のア～エから一つ選び、記号で答えなさい。

ア　憲法改正の発議
イ　予算の作成と提出
ウ　違憲立法の審査
エ　内閣総理大臣の任命

問６　下線部ｅについて、デジタル化を進める上での課題にはどのようなものがありますか、答えなさい。

問9　下線部ｇについて、下の**写真５**は明治時代の産業の様子を描いたものです。これに関する、次の（1）（2）に答えなさい。

写真５

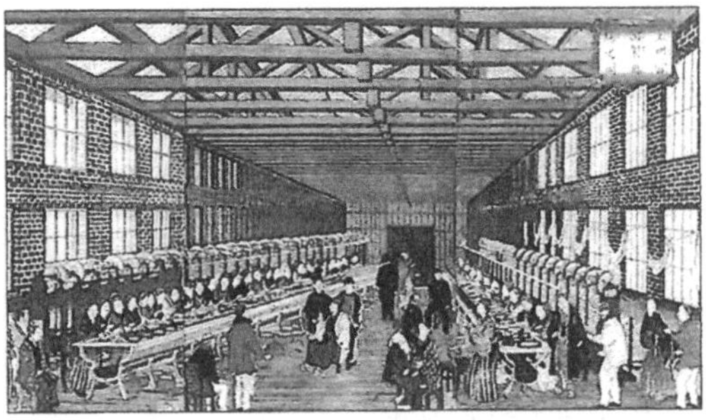

（1）群馬県にあるこの工場の名前を**漢字**で答えなさい。

（2）この工場の建設をはじめ、多くの企業を設立し、経済の発展に力を尽くした人物を次の**ア～エ**から一つ選び、記号で答えなさい。

ア

イ

ウ

エ

問６　下線部ｅについて、この工業地域の特色を**下のグラフと写真を参考にして**、説明しなさい。

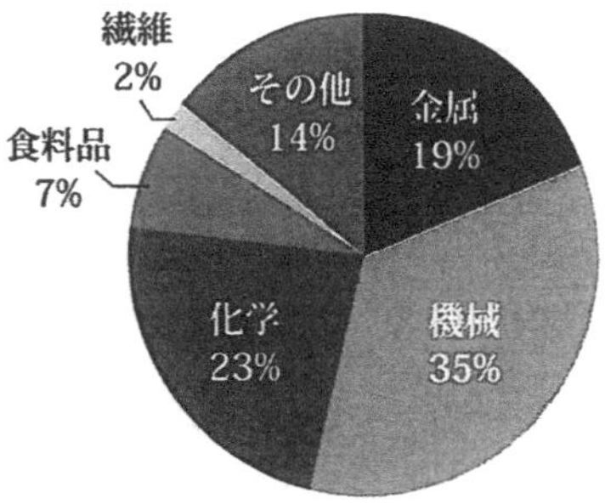

瀬戸内工業地域の生産額の内訳（2018年）
（「2021／22年版日本国勢図会」より作成）

問７　下線部ｆについて、右の写真はこの集落の様子を表したものです。このような集落が現在も残っている理由について**この地域の気候の特色にふれながら**説明しなさい。

問８　文章中の【　Ｘ　】にあてはまる語句を、**漢字３文字**で答えなさい。

問９　次の写真は、４名が調べた世界遺産に関する写真です。このなかで１枚だけ、**会話に登場しなかった世界遺産**があります。次の**ア～エ**から一つ選び、記号で答えなさい。

ア

イ

ウ

エ

問３　下線部**b**について、沖縄県の雨温図を次の**ア～エ**から一つ選び、記号で答えなさい。

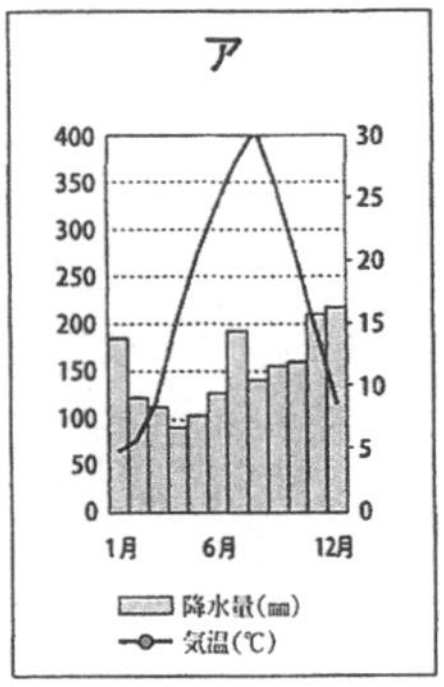

年間降水量 1821㎜
年平均気温 17.3℃

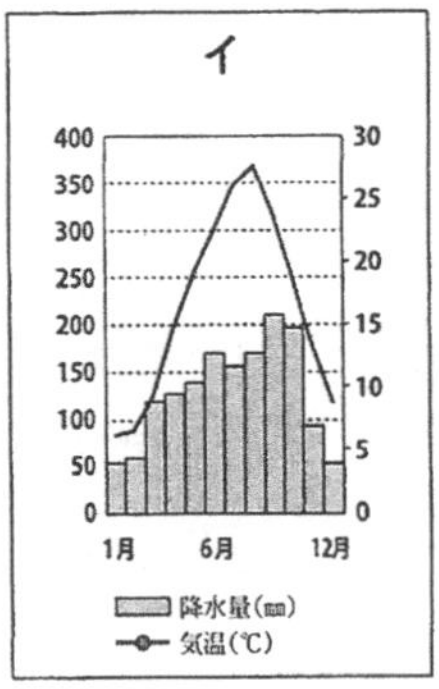

年間降水量 1528.2㎜
年平均気温 15.4℃

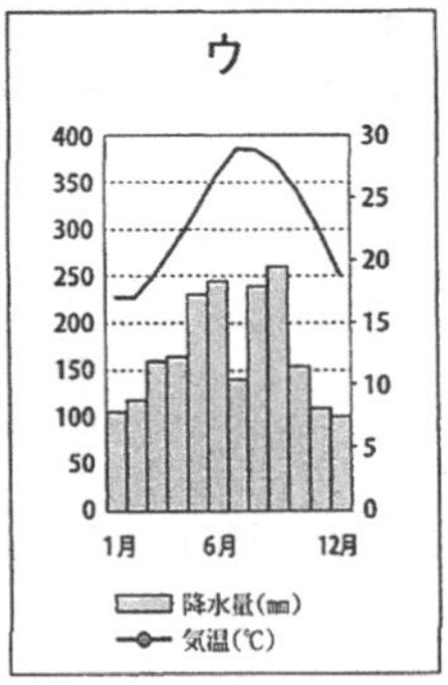

年間降水量 2040.8㎜
年平均気温 23.1℃

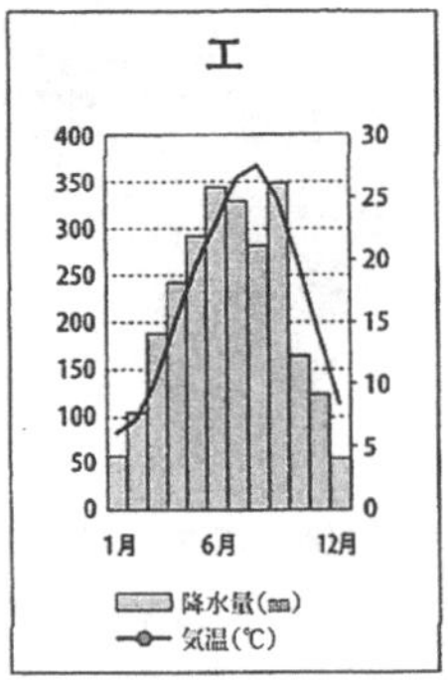

年間降水量 2547.6㎜
年平均気温 17.0℃

（「2021年理科年表」より作成）

問４　下線部**c**について、このような気候はある農作物の栽培に適しています。右の円グラフはその農作物の都道府県別生産量の割合をあらわしています。ある農作物として、正しいものを次の**ア～エ**から一つ選び、記号で答えなさい。

ア　ぶどう
イ　じゃがいも
ウ　うめ
エ　とうもろこし

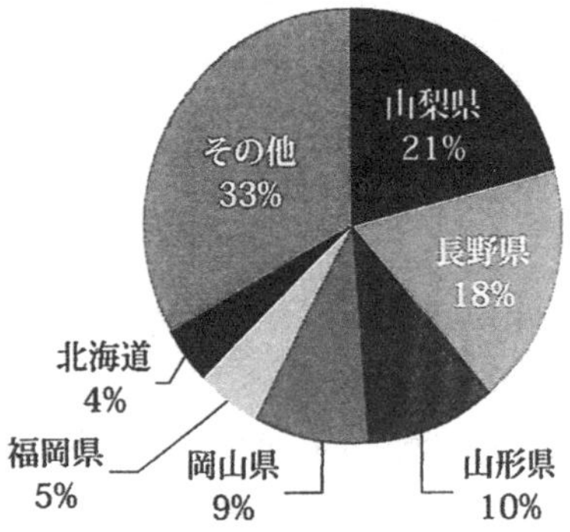

（「2021／22年版日本国勢図会」より作成）

問５　下線部**d**について、ロンドン（**A**地点）時間が４月１日午前５時の場合、日本（**B**地点）時間は何月何日何時となりますか。下の地図を参考にして、午前・午後のいずれかに丸をつけ、解答らんに合うように答えなさい。

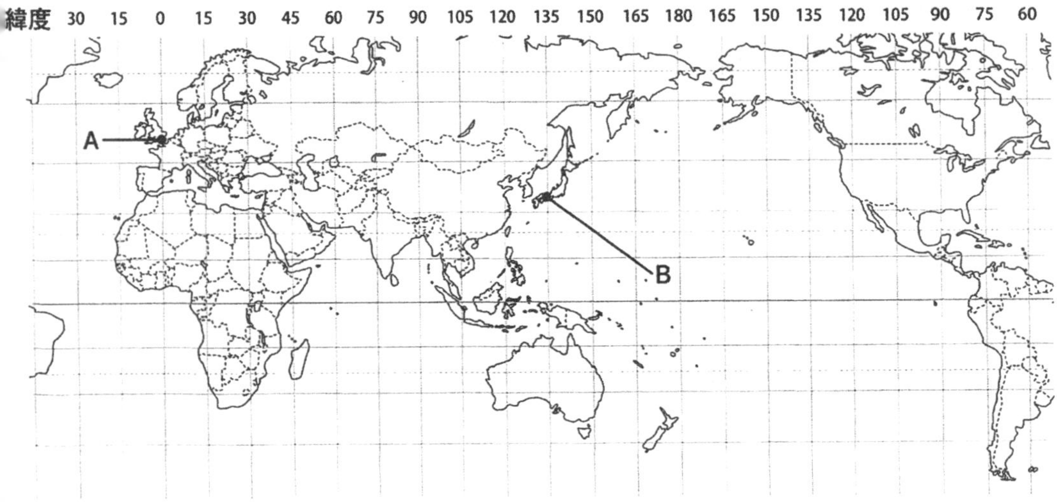

ヒロコさんとキョウコさんは、ペースに気をつけながら順調に走っています。しかし今日は晴天、二人ともすごい汗です。「のどがかわいたな。」二人がそう思っているところで、ちょうど給水所に着きました。「やった！」二人は一気に冷たい水を飲み干しました。

問9 マラソンの選手は、給水所などでボトルやスポンジで水を全身にかけている様子が見られます。しばらくすると、その水は乾(かわ)いていることが多いです。選手が水を全身にかける理由を「蒸発」という言葉を使って説明しなさい。

「もうすぐゴールね。」ヒロコさんがそう思いながら走っていると、工事現場でクレーンが動いているのが見えました。そして、ふと空を見上げると、真っ黒な雲が空一面をおおっていることに気づきました。理科が大好きなヒロコさん。「クレーンってどうやってバランスをとっているんだろう。」「どうして雨ってふるのかな。」そんなことを考えているうちにキョウコさんは先に行ってしまい、他の選手にもどんどん追い抜かれていきました。

問10 重さ10 gで太さや長さが同じ棒と、いろいろな重さのおもりを使って、右図のようにつり合わせました。このとき、①～④にあてはまる数字をそれぞれ答えなさい。ただし、図の中のおもりの大きさと重さには、関係はありません。

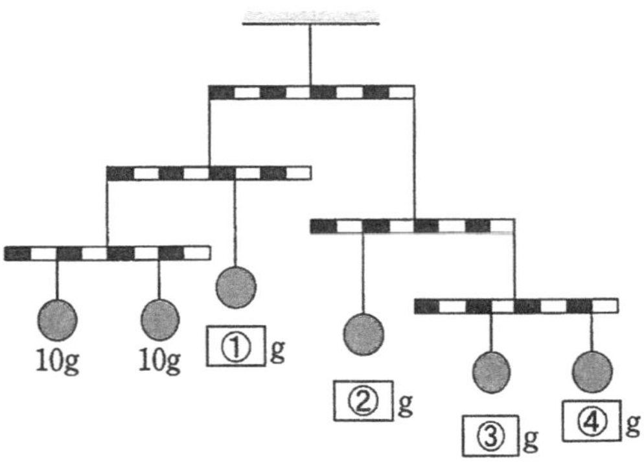

問11 細長いガラスの容器を用意し、容器の中に約50℃のお湯を入れてガラス板でふたをしました。右図のように、ガラス板の上に氷をのせてしばらく置いておくと、容器の上半分**A**はくもっていましたが、下半分**B**はすき通っていました。**A**の部分がくもっていたのはなぜだと考えられますか。説明しなさい。また、**B**の部分はどのような状態になっているでしょうか。正しく述べたものを次の**ア**～**ウ**から１つ選び、記号で答えなさい。

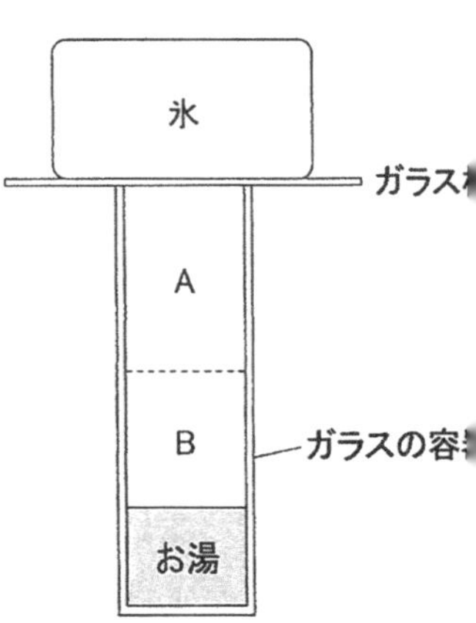

ア **B**の部分に水蒸気はなく、空気しかない。
イ **B**の部分に空気はなく、水蒸気しかない。
ウ **B**の部分には水蒸気も空気もある。

問６　インゲンマメの種子を表のような条件で15日間育てました。表中の○はその条件を十分に与えたことを、×はその条件を与えなかったことを示しています。その結果、**ア**は発芽しませんでした。さらに実験を続けると、**イ**～**ケ**のうち、３つが発芽をしました。あとの問いに答えなさい。

	温度	水	光	空気	肥料
ア	５℃	○	○	○	○
イ	５℃	○	×	○	○
ウ	５℃	○	○	○	×
エ	５℃	×	○	○	×
オ	25℃	○	○	○	○

	温度	水	光	空気	肥料
カ	25℃	×	○	○	○
キ	25℃	○	×	○	○
ク	25℃	○	○	×	○
ケ	25℃	○	○	○	×

(1)　発芽したのは**イ**～**ケ**のうちのどれですか。３つ選び、記号で答えなさい。

(2)　発芽するときに水が必要であるかどうかを調べるには、どれとどれを比べるとよいですか。**ア**～**ケ**のうち、２つ選び記号で答えなさい。

問７　雲にはいろいろな種類がありますが、右図のように上空高くもり上がった雲の名前は何といいますか。また、この雲が上空に広がっているとき、このあたりの天気はどのようになると考えられますか。

「なんだかつかれてきたな・・・」そう思いながら野球場の近くを走っていたその時です。突然、『カキーン！』という音がして、ホームランボールがヒロコさんめがけて飛んできました。「ヒロコさん危ない！」とっさにキョウコさんが後ろから声をかけてくれて、ヒロコさんは間一髪（かんいっぱつ）、ボールをよけることができました。「ライバルにこんなところでケガをしてもらっちゃ困るからね。」「ありがとうキョウコさん。」二人は並んで走り始めました。

問８　右図は、ボールを**a**の位置から上に投げて、**b**→**c**→**d**を通って、**e**の下に落ちてくる様子を同じ時間ごとにさつえいしたものです。ボールの速さがもっとも遅いのは、**b**～**d**のうちどこにボールがあるときでしょうか。記号で答えなさい。また、上に投げたボールがこのように動く（運動する）のは、ボールにどんな力がはたらいているからでしょうか。その力の名前を答えなさい。

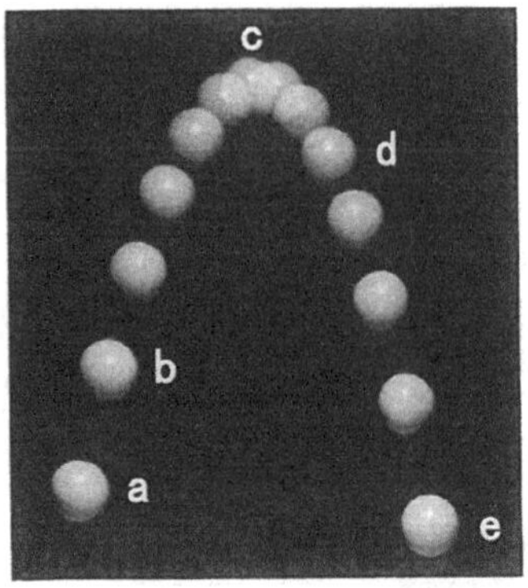

4

［1］

図１の立体は，大きな直方体から小さな直方体をくりぬいて作った立体です。このとき，次の問いに答えなさい。

(1)　くりぬかれた部分の体積を求めなさい。

(2)　図１の立体の体積を求めなさい。

(3)　図１の立体の表面積を求めなさい。

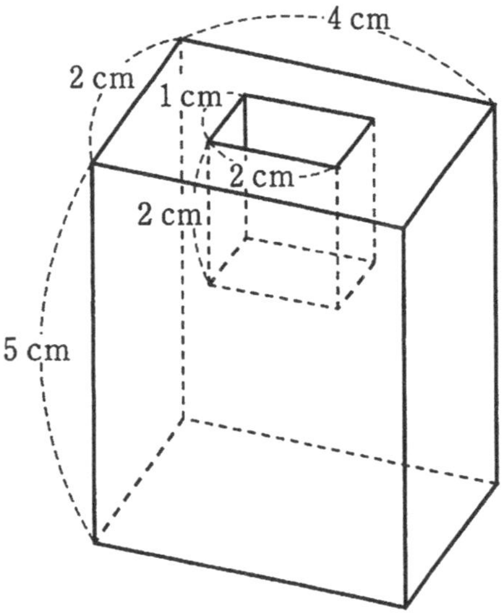

図１

［2］

次に，図２のように，図１の直方体を反対側の面までまっすぐくりぬきました。さらに正面からも同様に，反対側の面まで直方体をまっすぐくりぬきました。このとき，次の問いに答えなさい。

(1)　図２の立体の体積を求めなさい。

(2)　図２の立体の表面積を求めなさい。

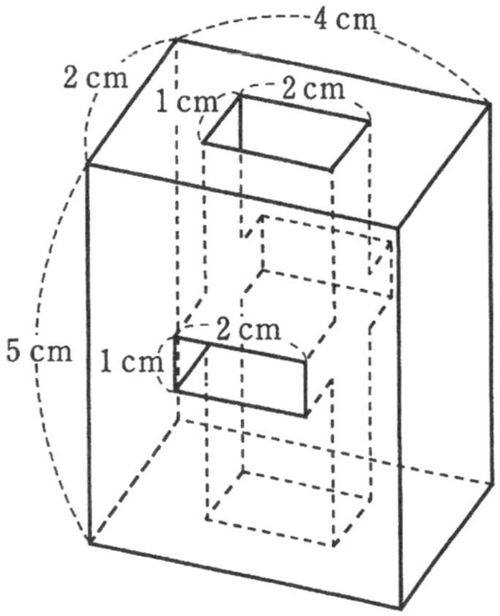

図２

(7)　右の図は，1 辺が 8 cm の正方形です。
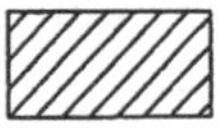 の部分の面積を求めなさい。ただし，円周率は 3.14 とします。

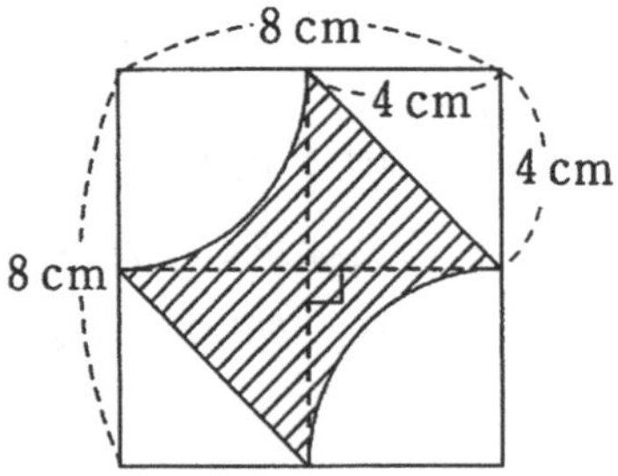

(8)　右の図は，長方形を折り曲げたものです。
アとイの角度を求めなさい。

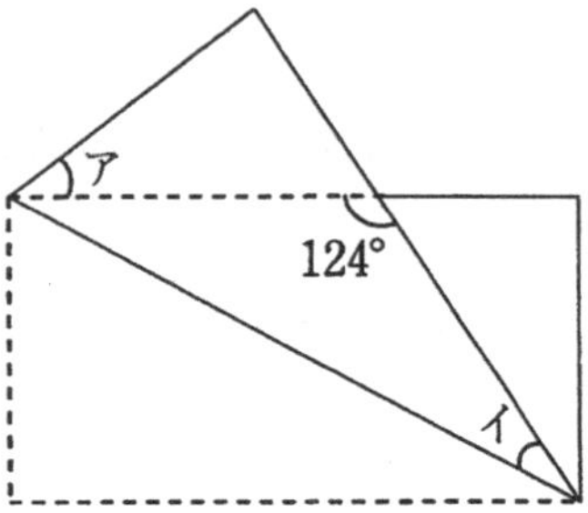

3　たかこさんとお姉さんが同時に家を出発し，分速 60 m で歩いて駅に向かっていました。しかし，家を出発して 4 分後に，たかこさんが忘れ物に気づいたので家に戻り，自転車に乗って再び家を出発し駅に向かいました。すると，家から 720 m の地点でたかこさんはお姉さんを追いこし，予定より 3 分 30 秒早く駅に着きました。下のグラフは，2 人が家を出発してから駅に着くまでの時間と，家からの道のりを表したものです。次の問いに答えなさい。

(1)　たかこさんが家に戻り始めたのは，家から何m の地点ですか。

(2)　たかこさんは分速何m で家にもどりましたか。

(3)　たかこさんは分速何m で自転車で駅に向かいましたか。

(4)　家から駅まで何m ありますか。

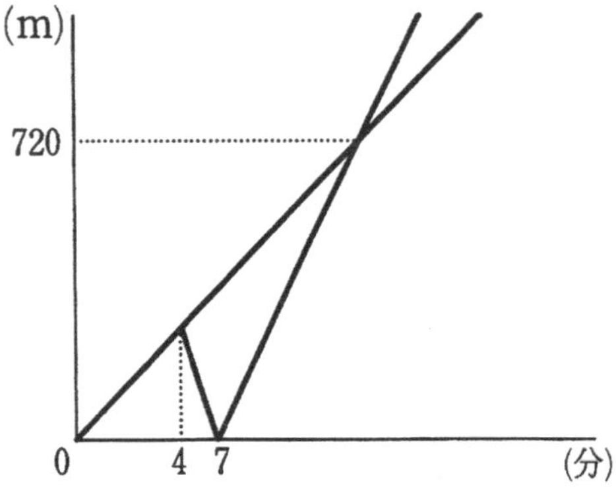

令和三年度　福岡雙葉中学校入学試験問題　国語

（50分）

問題の都合上、文章を変更している部分があります

※　答えはすべて解答用紙に記入しなさい

※　字はていねいに、はっきりと書きなさい

※　「、」や「。」や記号も一字に数えます

【一】次の文章を読み、後の問いに答えなさい。

著作権に関係する弊社の都合により
本文は省略いたします。

教英出版編集部

著作権に関係する弊社の都合により
本文は省略いたします。

教英出版編集部

（浜口　哲一『生きもの地図をつくろう』より）

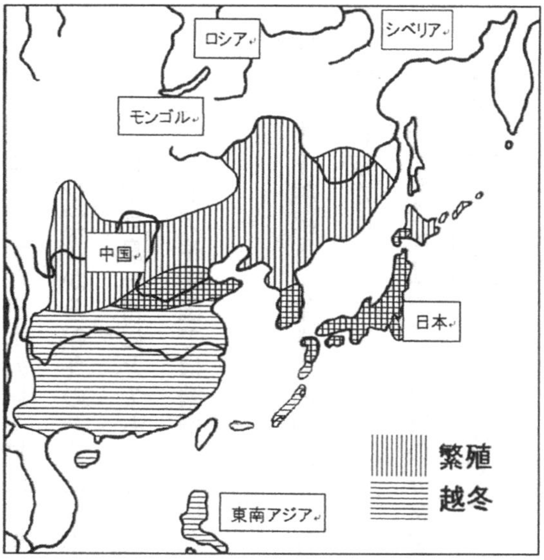

図１　ムクドリとその分布
（財団法人日本野鳥の会『フィールドガイド日本の野鳥』による）

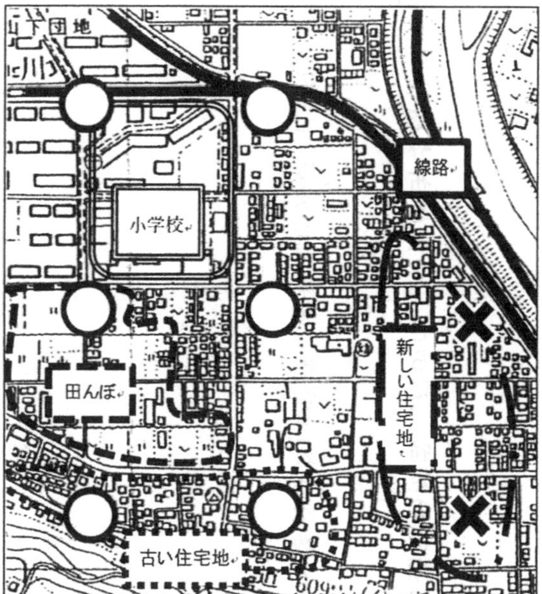

図２　生きもの地図の例
○：タンポポがあった
×：タンポポがなかった
（地図は平塚市「平塚市都市計画基本地図」による）

（二）本文中の［a］～［c］に入る語として最も適当なものを、次のア～カからそれぞれ一つずつ選び、記号で答えなさい。（ただし、同じ記号は二度使えません。）

ア　さて　　イ　つまり　　ウ　だから　　エ　また　　オ　しかし　　カ　たとえば

（二）——線部①について、分布図からは「いろいろな情報を読みとることができ」るとありますが、一方で**読みとることができない**ものは何ですか。次のア〜エの中から一つ選び、記号で答えなさい。

ア　地図に示されたある種類の動植物が繁殖する地域。
イ　地図に示された動植物の生息している土地の状況。
ウ　ある種類の動植物が生息している地理的な範囲。
エ　ある種類の動植物の季節的な渡りによる移動。

（三）空らん【　②　】に当てはまる文として最も適当なものを、次のア〜エの中から一つ選び、記号で答えなさい。

ア　ロシアから日本列島一帯に分布が限られた種である
イ　モンゴルから越冬のために日本に来ている種である
ウ　日本列島一帯にとても多く生息している種である
エ　ロシアや中国では繁殖していない見慣れない種である

（四）——線部③「生きもの地図」の性質について説明した次の文に当てはまる言葉を、指定された字数で本文中からそれぞれ抜き出しなさい。

「生きもの地図」は、一般の分布図と異なり、［Ⅰ（八字）］を用いて分布を示す。さらに、特定の種類の生きものの生息を［Ⅱ（六字）］ようにしている。

（五）図２からは**読みとることができない**ことを次のア～エの中から一つ選び、記号で答えなさい。

ア　タンポポは古い住宅地や田んぼと同様に、線路沿いであればどこでも見ることができる。

イ　タンポポは田んぼの近くで見ることができ、その周辺の小学校でも見ることができる。

ウ　タンポポは新しい住宅地で見ることができないが、古い住宅地の近くでは見ることができる。

エ　タンポポは古い住宅地側だけでなく、新しい住宅街から離れた線路沿いでも見ることができる。

（六）――線部④について、色々な種類についての「生きもの地図」ができてくると、どのようなことがわかりますか。四十字以内で説明しなさい。

（七）本文の内容として最も適当なものを次のア～エの中から一つ選び、記号で答えなさい。

ア　図１からは、森林が続く山地ではなく田畑が広がる農村部でより繁殖しやすいというムクドリの生息環境がわかる。

イ　分布図はその生きものがどこで見られたかを観察するために、「生きもの地図」に比べて縮尺の大きいものを使用する。

ウ　図２において、×の地域でタンポポを観察できないと言い切ることは、観察できると言い切ることと同じくらい簡単である。

エ　「生きもの地図」をその土地についての環境を示す地図と重ねてみることで、さらに多くのことがわかるようになる。

【二】次の文章を読み、後の問いに答えなさい。

行方不明になっていた正吉が見つかったと聞き、洪作と幸夫は他の子どもたちと一緒に、新田という地名の農家へと向かった。その農家の前で正吉が出てくるのを隠れて待っていたが、いっこうに出てこない。そうしているうちに、そこにいた大人に見つかってしまう。

「おまえら、なんじゃや。」

と、おとなの一人がはじめて洪作と幸夫の二人の存在に気づいていった。

「どこのがきだ?」

もう一人のおとなが立ちどまってきいた。

「久保田[注1]だ。」

幸夫は答えた。

「久保田!?」

相手はあきれたような声をだすと、

「学校はどうした、ばかもん!」

それからすぐ、

「帰れ!」

とどなった。幸夫と洪作は相手の見幕(A)があまりはげしかったので、おとなたちの一団から出て路傍[注2]へ移動した。このときはじめて、①洪作も幸夫もいつか自分たち以外、一人の子どももいないことに気づいた。いっしょに新田までかけてきた子どもたちも、いつか二人をのこして帰ってしまっていた。

二人はしかたがないので、また正吉の寝(ね)ている農家へ帰った。農家の前には、まえよりもっとおおぜいのおとなたちが集まっていて、わいわいいいながら、炊出(たきだ)しのむすびをほおばったり、お茶を飲んだりしていた。二人はなおもしばらく、おとなたちのあいだにはさまっていたが、そのあいだ学校のことが気にならないわけではなかった。もう学校のはじまる時刻かもしれなかったし、あるいは、もうとっくにはじまっている時刻かもしれなかった。

洪作はそのことを幸夫にいいたかったが、なにか口にだすのがこわかった。幸夫は幸夫でやはり②そのことは気になっているらしく、

「先生におこられたって、神かくしの正吉さんを見たほうがいいや、なあ、洪ちゃ。」

そんなことを洪作にいった。

「そりゃあそうさ。そのほうがずっといいや。」

洪作もいった。そのほうがずっといいかどうか、はなはだ自信はなかったが、しかし、そう口にださないではいられないような心の動きがあった。幸夫と洪作は、雨が降ろうと、風が吹(ふ)こうと、いかなる日でも毎日のようにつれだって遊んでいたが、しかし、③この場合のようにおたがいがおたがいの意見を肯定(こうてい)しあったことはなかった。

「もうじきだぞ。見ていような。」

幸夫がいうと、

「見ていかなけりゃ、損だもんな。」

そんな言い方を洪作はした。また洪作が、

「いまにおもしろいぞ。正吉さんが出てくると、みんなうわっていって逃げるぞ。」

そういうと、幸夫は、

「むすびおいて逃げるぞ。そしたら、おれ食ってやろう。」

そんなことをいった。むすびを食うというようなことをいわれると、洪作は、自分の口に甘ずっぱい唾液がたまるのを感じた。ほんとに腹がへったと思った。

④そうしているあいだに、洪作はしだいに絶望的な救いのない気持ちになっていった。これから学校へ行ったら大変なことになるだろう。授業時間におくれたことなど、これまでに一度もないことだった。心配なのは学校のことばかりではなかった。[⑤]の色を変えて自分をさがしまわっているであろうおぬい婆さん[注3]の姿も目に浮かんできた。それでいて、洪作は地面に腰をおろし、両膝を両手で抱いてがんばっていた。幸夫も同じような姿勢をとっていたが、幸夫のほうは絶えず体をこまかく動かしていた。二人は立ちあがらなかった。妙に立ちあがるのがおっくうになっていた。B 二人はおとなたちがむすびを食べるのを、なんとなく見あきないながめでもあるかのように、見まもっていた。

（井上　靖『しろばんば』新潮文庫刊より）

注1　久保田……洪作たちが住んでいる場所。
注2　路傍……道ばた。
注3　おぬい婆さん……洪作と一緒に暮らしているお婆さんのこと。

（一）═線部Ａ「見幕」、Ｂ「おっくう」の本文中の意味として最も適当なものを、次のア～エの中からそれぞれ一つずつ選び、記号で答えなさい。

Ａ「見幕」
ア　偉そうな態度
イ　怒った荒々しい態度
ウ　ばかにしたような態度
エ　批判的な態度

Ｂ「おっくう」
ア　さみしげな様子
イ　おちこんでいる様子
ウ　焦っている様子
エ　面倒に思っている様子

（二）――線部①について、このときの二人の気持ちとして最も適当なものを、次のア～エの中から一つ選び、記号で答えなさい。

ア　不安　　イ　期待　　ウ　後悔　　エ　同情

（三）――線部②「そのこと」が指し示す内容を、二十五字以内で答えなさい。

（四）——線部③について、なぜこのときばかりは「おたがいがおたがいの意見を」認め合ったのですか。その説明として最も適当なものを、次のア～エの中から一つ選び、記号で答えなさい。

ア　二人とも早く学校に戻（もど）りたかったが、それと同時にスリルを楽しみたいという気持ちもあり、これから起こる出来事を見逃（みのが）すまいという気持ちだったから。

イ　二人とも極端（きょくたん）にお腹が減っており、目の前で楽しそうに食事をする大人たちを見ているのは辛（つら）かったが、そのような状態でどちらがより長く我慢（がまん）できるかを張り合っていたから。

ウ　二人はどんなときも一緒で、お互（たが）いを強く信頼（しんらい）していたが、今回学校を無断で休むという経験を共有することで、二人のきずなをより一層深めようとしているから。

エ　二人とも、学校に行かず今の場所にいたほうが良いという自分たちの発言に自信が持てなかったが、無理やりそう思い込むために、相手の同意をもらいたかったから。

（五）——線部④「絶望的な救いのない気持ち」になったのはなぜですか。四十字以内で説明しなさい。

（六）空らん［⑤］に当てはまる語を漢字一字で答えなさい。

（七）この文章で、洪作はどのような人物として描(えが)かれていますか。最も適当なものを次のア～エの中から一つ選び、記号で答えなさい。

ア　正しいと信じたこと以外は一切認めず、自分の考えを相手に押(お)し付ける人物。
イ　どんなときでも相手を気づかうことのできる、思いやりに満ちた人物。
ウ　本当の気持ちを相手に伝えることができず、相手に合わせてしまう人物。
エ　何かの問題が起こったとしても、臨機応変に対応することができる人物。

【三】次の各問いに答えなさい。

（一）次の①、②の（　）に漢字を一字ずつ入れて、下の意味を表す四字熟語を完成させなさい。

①（　）刻（　）金　……　少しの時間も大切であるということ。
②（　）我（　）中　……　心をうばわれ、我を忘れるようす。

（二）次の①、②の意味を持つことわざを、後のア～オの中からそれぞれ一つずつ選び、記号で答えなさい。

①　なんの苦労もせずに利益を得ること。
②　物事にはそれぞれ専門家がいるということ。

ア　立て板に水　　イ　紺屋(こうや)の白袴(しろばかま)　　ウ　弘法(こうぼう)筆を選ばず
エ　ぬれ手で粟(あわ)　　オ　餅(もち)は餅屋

（三）次の①、②の（　）に動物の名前を表す漢字を一字入れて、下の意味を表す慣用句を完成させなさい。

①（　）も食わない　……　誰も望まず相手にしないもの。

②（　）が合う　……　気がよく合う。

（四）次の①～③の――線部を正しい敬語表現に直しなさい。

①　先生が職員室におられる。

②　お客様がメニューを見る。

③　父が「よろしく」とおっしゃっておりました。

【四】次の①〜⑩の――線部のカタカナは漢字に直し、漢字は読みをひらがなで答えなさい。

① シュウショク先が決まる。

② 機械が急にコショウした。

③ 当然のケンリを主張する。

④ 活発にギロンを交わす。

⑤ ボランティア活動をスイシンする。

⑥ 液体がジョウハツする。

⑦ 糸をハリアナに通す。

⑧ お皿に料理をモる。

⑨ 部下を従えて仕事をする。

⑩ 目上の人を敬う。

(50分)

令和３年度　福岡雙葉中学校　入学試験問題

1 次の計算をしなさい。ただし，(5) は $\boxed{}$ にあてはまる数を答えなさい。

(1) $4\times(54-18)\div12$

(2) $\left(\frac{2}{5}+\frac{2}{3}\right)\times\frac{3}{4}$

(3) $7.2\div\{7.2-(5.38+0.02)\}$

(4) $94\times111+3\times222$

(5) $\left\{47-\left(2+\boxed{}\times2\right)\right\}\div7=5$

2 次の問いに答えなさい。

(1) $\frac{7}{4}$ と 1.6 と $\frac{16}{9}$ を小さい順に並べなさい。

(2) 縮尺 1：2000 の地図上で，たて 5 cm，横 3 cmで表されている長方形の実際の面積は何m^2であるか求めなさい。

(3) ある学校の男子の生徒数は 330 人で，全体の生徒数の 55 %にあたるとき，学校全体の生徒数を求めなさい。

(4) 次の①～⑤のうち，商が a より大きくなるものをすべて選び，番号で答えなさい。ただし，a は 0 でない数とします。

① $a\div\frac{8}{9}$　② $a\div\frac{4}{3}$　③ $a\div0.9$　④ $a\div1.2$　⑤ $a\div1$

(5) あるグループにリンゴ 62 個，ミカン 95 個，アメ 117 個のそれぞれを全員に対して同じ数ずつ配れるだけ配ると，どれも同じ数だけ余りました。このとき，グループの人数を求めなさい。

5 AさんとBさんは，グラウンドで 120 mの直線コースを同じ地点から出発し，それぞれ一定の速さで往復しました。図 1 は，移動時間と出発地点からのきょりの様子を表したグラフです。次の問いに答えなさい。

(1) AさんとBさんはそれぞれ秒速何mで移動しましたか。

(2) 図 1 の あ にあてはまる数を求めなさい。

(3) 図 2 は，図 1 でのAさんとBさんの間のきょりの様子を途中まで表したグラフです。図 2 の い にあてはまる数を求めなさい。

(4) 図 2 について，残りのグラフを解答用紙にかき入れなさい。

[図 1]

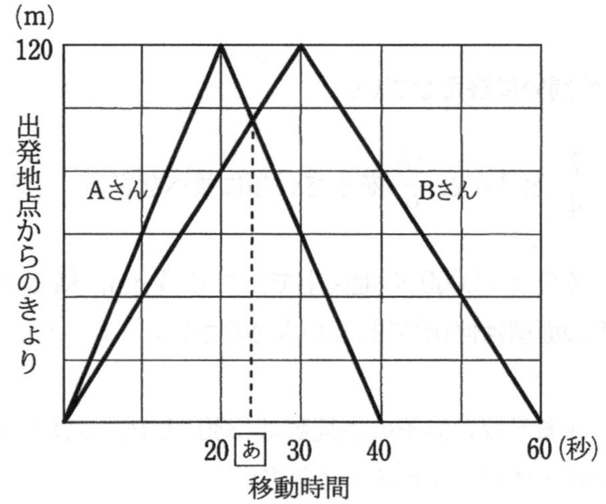

[図 2]

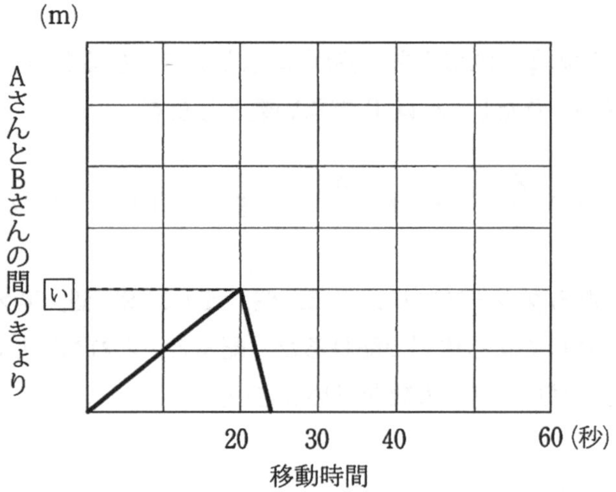

令和３年度　福岡雙葉中学校　入学試験問題　理科

（30分）

　小学６年生のシンジ君は、中学生のヨシお兄さん、そしてお父さんと一緒にキャンプ場にやってきました。このキャンプ場は山間部にあり、近くには川が流れています。「まずは川遊びだ！」シンジ君はキャンプ場に着くとすぐに川へ向かって走っていきました。「おいおい、気をつけてくれよ。」ヨシお兄さんとお父さんはあわてて後を追いかけました。
　シンジ君が夢中で川遊びをしている横で、中学校の科学部に入っているヨシお兄さんは何やら熱心に観察をしています。「この川にはどんな生き物がいるのかな。」「川底の石はどんな形をしているのかな。」写真を撮（と）ったり、ノートに記録したりしているヨシお兄さんを見て、シンジ君は感心しています。

問１　川の底が実際より浅く見えるのは、光のどのような現象によるものですか。次の**ア**～**エ**の中から１つ選び、記号で答えなさい。

ア　反射　　**イ**　くっ折　　**ウ**　干しょう　　**エ**　直進

問２　山間部の川で見られる魚を３つ選び答えなさい。

アユ	ヒラメ	イワナ	タイ	ヤマメ	スズキ

問３　図のように曲がっている川について、流れが速いのは（**ア**）川の内側、（**イ**）川の外側のどちらですか。記号で答えなさい。また、上流の石のようすは、下流の石と比べて大きさや形がどのように異なるか説明しなさい。

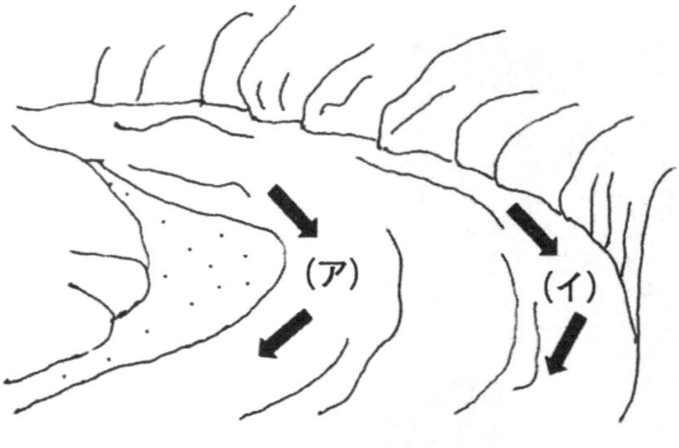

問４　水中で石を持ち上げたときと、空気中で石を持ち上げたときでは、水中のときの方が軽く感じます。その理由を説明しなさい。

問11　夜に活動を行う生き物の性質を、夜行性といいます。次の生き物のうち、夜行性でないものを１つ選び、その生き物を答えなさい。

カワウソ	フクロウ	ヤマネコ	ネズミ	カブトムシ

問12　コウモリも夜行性の動物で、目がほとんど見えないにも関わらず、暗闇（くらやみ）を障害物にぶつかることなく飛ぶことができます。その理由を答えなさい。

「きれいな満月だ！」夜になっても眠れないシンジ君とヨシお兄さんは、寝ているお父さんを起こし、夜空の観察をしています。そして二人とも、一生けん命に月を見上げています。実は、二人には同じ夢があったのです。それは、兄弟で宇宙に、そして月に行くこと。
「シンジ、どちらが先に月に行くか勝負だ！」
「お兄ちゃんにも負けないよ。僕なんかもう英語の勉強を始めているからね！」
この兄弟は、一緒に月に行くことが果たしてできるのか。物語はまだ始まったばかりです。

問13　月は地球からもっとも近い天体ですが、その距離（きょり）はおよそ384000kmだと言われています。もし、時速320kmの新幹線で月へ行ったとすると、到着するまでに何日かかるでしょうか。計算しなさい。

問14　下の図は、日本のある地点で、ある日の夕方から明け方までの満月の位置を記録したものです。①～③の方位をそれぞれ漢字一文字で答えなさい。また、満月の動く向きは**ア**、**イ**のどちらでしょうか。記号で答えなさい。

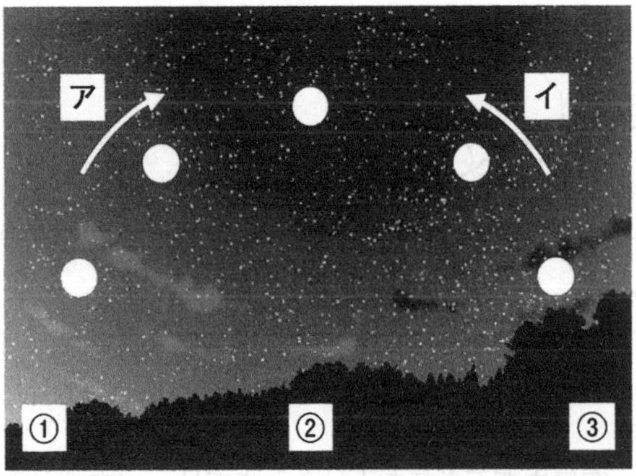

令和３年度　福岡雙葉中学校入学試験問題　社会

（30分）

1　次の文章Ａ～Ｅは、福岡雙葉中学校２年生のなつきさんが都道府県の調べ学習についてまとめたものです。これに関して、あとの問１から問９に答えなさい。

A	かつて琉球王国として栄えたこの県は、太平洋戦争で地上戦の舞台となり、多くの人が犠牲になりました。1972年、【　Ｘ　】から日本に復帰しましたが、多くの【　Ｘ　】軍基地が今も残っています。また、特色としては【　Ｙ　】が有名です。
B	ａ浜松市を中心とした工業地域が発達しており、古くから繊維産業がさかんでした。また、【　Ｚ　】の上流から運ばれてくる豊富な木材を材料としたピアノなどの生産もおこなわれ、浜松市は楽器の町としても知られています。
C	県全体に広がる火山灰土の（　１　）台地は稲作には不向きですが、さつまいもなどの栽培が行われています。また、ｂ畜産もさかんです。2011年３月には福岡県の（　２　）駅まで九州新幹線が全線で開通し、多くの観光客が訪れるようになりました。
D	この県は、海沿いにあるため、海外からの原料などを輸入したり、また製品を国内外に輸送するのに非常に適しています。ｃ岩国市では、効率よく生産するために、関係ある工場を近くに集めています。
E	この県の西側には南北に（　３　）山脈があり、東側のｄ三陸海岸では漁業がさかんです。しかし、農業は（　４　）による冷害に悩まされることがあります。2011年３月11日に発生した（　５　）大震災の時には津波で大きな被害を受けました。

問１　文章中の（　１　）～（　５　）にあてはまる語句を答えなさい。

問２　Ａ県に関して、次の（１）（２）に答えなさい。

（１）文中の【　Ｘ　】にあてはまる国の旗を次の**ア～エ**から一つ選び、記号で答えなさい。

ア　**イ**　**ウ**　**エ**

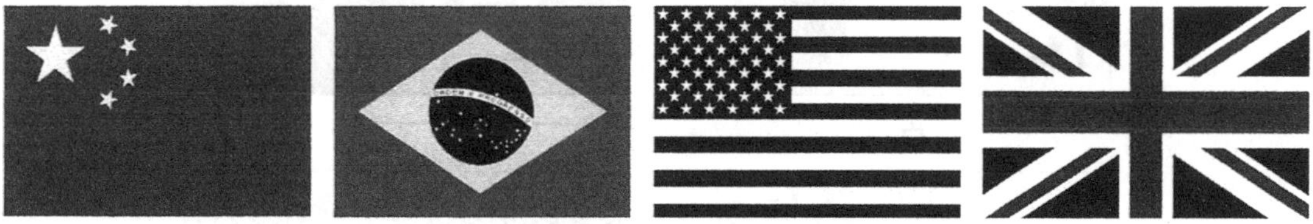

（２）文中の【　Ｙ　】にあてはまる説明文を次の**ア～エ**から一つ選び、記号で答えなさい。

ア　グラバー園、オランダ坂、復元された出島などの観光地

イ　「学問の神様」で有名な菅原道真がまつられている太宰府天満宮

ウ　三線などの楽器や、ゴーヤーチャンプルーなどの郷土料理

エ　政府や大学、企業の研究機関が集まる研究学園都市

問３　下線部ａについて説明した文章を次の**ア～エ**から一つ選び、記号で答えなさい。

ア　輸送機械工業・製紙・パルプ工業などが発達しています。

イ　全国一の工業生産額をほこり、綿織物・毛織物の軽工業が発達しています。

ウ　石炭産業がさかんでしたが、1960年代のエネルギー革命などで規模が縮小しています。

エ　高速道路が整備され、内陸部に工業団地が建設されています。

問２　文章Ａの時代と関係の深い写真を次のア～エから一つ選び、記号で答えなさい。

ア

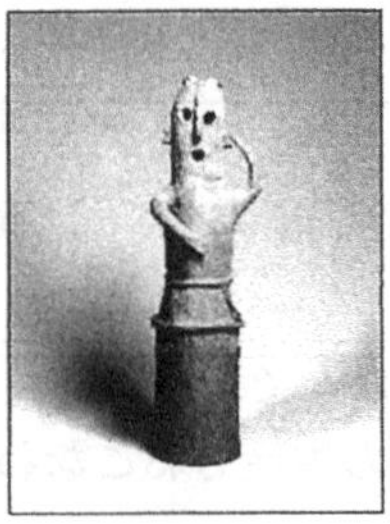

イ

ウ

エ

問３　文章Ｂの時代について説明した文章を次のア～エから一つ選び、記号で答えなさい。

ア　通行税を取っていた関所を廃止し、座に入らなくても自由な商売ができるようになった。

イ　備中ぐわ、千歯こきなどの農具がつくられ、農作業の効率が高まった。

ウ　岩手県平泉を中心として奥州藤原氏がさかえ、中尊寺金色堂が建てられた。

エ　中国の歴史書にならい、漢文で書かれた天皇中心の歴史書『日本書紀』が書かれた。

問４　下線部**a**について、この人物の一族はどのような方法で摂政や関白の地位を独占したのか説明しなさい。

問５　文章Ｄの時代の戦いの様子を描いたものを、次のア～エから一つ選び、記号で答えなさい。

ア

イ

ウ

エ

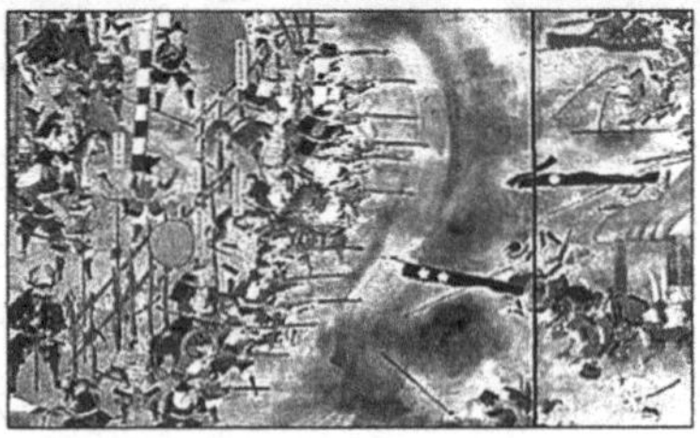

問６　下線部**b**について、この時期の文化の説明として正しいものを、次のア～エから一つ選び、記号で答えなさい。

ア　清少納言が『枕草子』という随筆を書き上げた。

イ　民衆の歌など4500首以上を集めた『万葉集』が作られた。

ウ　雪舟が全国各地を歩いて、美しい水墨画を描いた。

エ　仏教の広がりを背景に、現在の奈良県に法隆寺が建てられた。

問７　次の表は文章Ｆの時代に発展した都市についてまとめたものです。【　Ｘ　】・【　Ｙ　】に当てはまる語句をそれぞれ答えなさい。

江戸	政治の中心で、「【　Ｘ　】のおひざもと」とよばれた。 日本橋を起点に、人やものが行き来する五街道が整備された。
【　Ｙ　】	経済の中心で、「天下の台所」とよばれた。 全国の大名たちが蔵屋敷を構え、年貢米や特産物を運んだ。
京都	長い伝統と高い技術をもとに、染物や焼物などの産業を発展させた。

問８　文章Ｇの時代につくられた大日本帝国憲法の説明として正しいものを、次の**ア〜エ**から一つ選び、記号で答えなさい。

ア　平民を中心とする衆議院と華族を中心とする参議院で議会は構成された。
イ　天皇が定めた欽定憲法で、国民に与えるかたちで発布された。
ウ　勝手に土地を売ることを禁止するなど、生活全般にわたり細かく制限していた。
エ　主権者は国民で、天皇の権利は法律で制限されていた。

問９　次の**ア〜エ**の出来事のうち、**文章ＥとＦの時代の間にくるできごと**はどれですか、記号で答えなさい。

ア　貧しい人を助けるために幕府の元役人であった大塩平八郎が反乱を起こした。
イ　中大兄皇子らは蘇我氏を滅ぼし、大化の改新と呼ばれる政治を行った。
ウ　後醍醐天皇が不満をもつ武士とともに武家政権を倒し、建武の新政を開始した。
エ　豊臣秀吉は、農民を耕作に専念させるために刀狩を行った。

3

国際連合の主な専門機関・関連機関をまとめた表を見て、あとの問１から問７に答えなさい。

①国連教育科学文化機関	世界の平和、人権の遵守（じゅんしゅ）、a貧困の削減、持続可能な開発をめざす。
②世界保健機関	b健康に関する規範（きはん）や基準を設定し、国々の健康志向を監視・評価する。
③国際通貨基金	c為替の安定をはかり、加盟国の国際収支のバランスを保つ。
④国際原子力機関	d原子力の平和利用のための科学・技術協力を進める。

問１　次の（１）（２）の機関を、上の表中①〜④からそれぞれ選び、番号で答えなさい。

（１）

World Health
Organization

（２）

UNESCO

【三】

一	二	三	四
① 刻 金	①	①	①
② 我 中	②	②	②
			③

【四】

①	⑤	⑨
		えて
②	⑥	⑩
		う
③	⑦	
④	⑧	
	る	

四	三	二	一

七	六	五	四	三

令和３年度　福岡雙葉中学校　入学試験　算数　解答用紙

1

(1)		(2)		(3)		(4)		(5)	

小　計

2

(1)		(2)	m^2	(3)	人
(4)		(5)	人	(6)	cm^2
(7)	cm	(8) ①	個	②	個

小　計

3

(1)	かけ算の答え	通り
(2)		

小　計

【解答用

小　計

令和３年度　福岡雙葉中学校入学試験　理科　解答用紙

問1　　　問2

問3　流れが速い方

石のようす

問4

問5

問6　g　　問7　棒　作用点

問8　A　　B

問9

令和３年度　福岡雙葉中学校入学試験　社会解答用紙

1

問 1	(1)		(2)			(3)	
	(4)		(5)				
問 2	(1)	(2)	問 3		問 4		
問 5		問 6		問 7			
問 8	海岸			問 9			

小計

2

問 1	A	B			C	
	D	E			F	
	G	問 2		問 3		
問 4						

【解答用

問 5		問 6		問 7	X	Y
問 8		問 9				

小計

3

問 1	(1)	(2)		問 2		問 3	権
問 4		問 5	X	Y		問 6	
問 7	番号	取り組み					

小計

総　点

※50点満点
(配点非公表)

受験番号		氏名	

問10

キャンプ場

図についての説明

問11

問12

問13　日

問14　①　②　③　満月の向き

受験番号		氏名		得点	※50点満点 (配点非公表)

5

(1)	Aさん 秒速 m	(4)	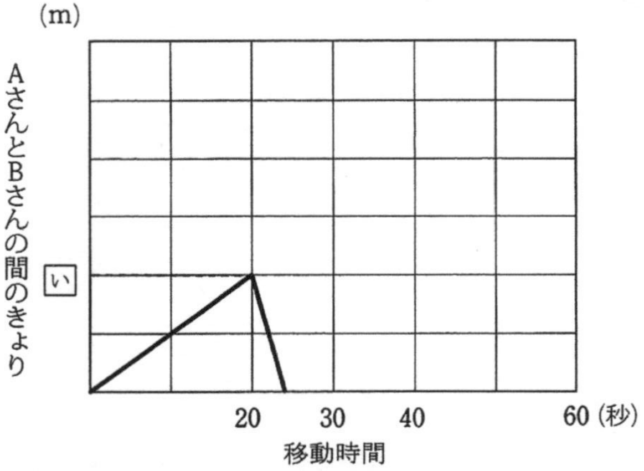
	Bさん 秒速 m		
(2)			
(3)			

小　計

総　点

※100点満点
(配点非公表)

受験番号		氏名	

2021(R3) 福岡雙葉中
教英出版

令和三年度　福岡雙葉中学校入学試験　国語解答用紙

受験番号

氏　名

【一】

一	二	三	四	五	六	七
a			I			
b			II			
c						

【二】

一	二
A	
B	

一	二	三	四	五	六	七

一	二

総　計
※100点満点 (配点非公表)

問２　下線部ａについて、日本の社会保障制度のうち、所得水準がとても低い人に対して生活費を支給する制度を次のア～エから一つ選び、記号で答えなさい。

ア　社会福祉　　イ　公衆衛生　　ウ　生活保護　　エ　社会保険

問３　下線部ｂについて、日本国憲法第25条は「すべて国民は、健康で文化的な最低限度の生活を営む権利を有する。」としています。この条文で規定されている社会権のひとつを何といいますか。解答らんに合うかたちで答えなさい。

問４　表中の②における現在（2020年８月）の事務局長を次のア～エから一つ選び、記号で答えなさい。

ア

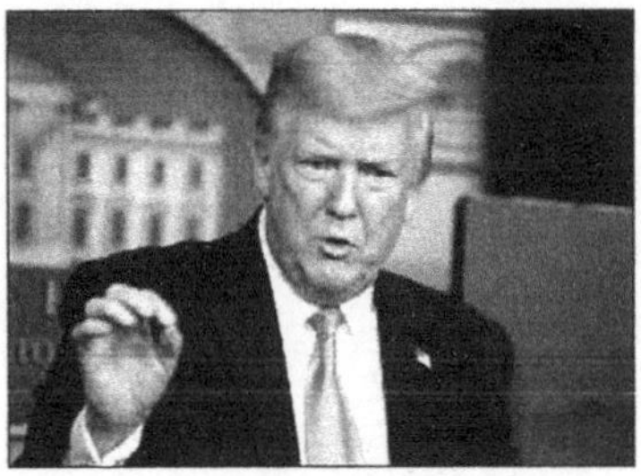

イ

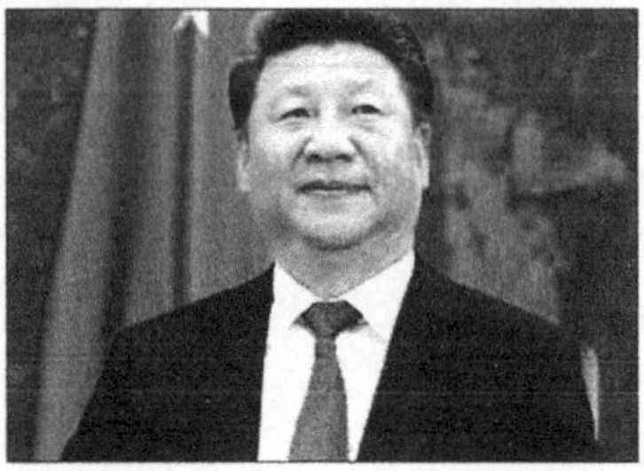

ウ

エ

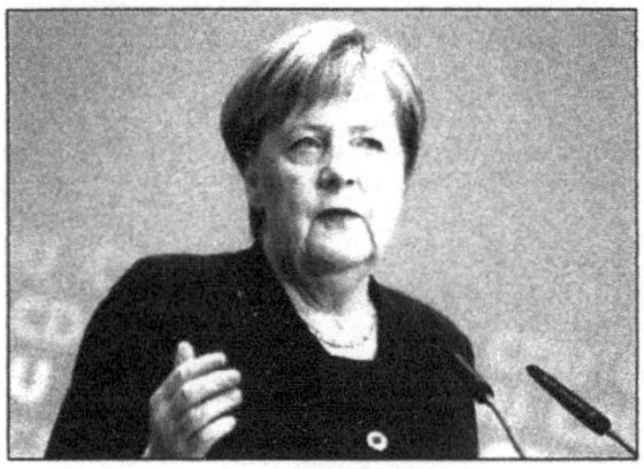

問５　下線部ｃについて、文中のＸ・Ｙから正しいものを一つずつ選び、記号で答えなさい。

ドルの需要が円に対して高くなれば、円の価値が下がり、ドルの価格が上がる。この変化をＸ（ア　円高　　イ　円安）といい、例えば１ドル＝100円の為替相場が１ドル＝Ｙ（ア　90円　　イ　110円）になるような変動を示し、日本の輸入が不利になる。

問６　下線部ｄについて、原子力発電の特徴として正しいものを次のア～エから一つ選び、記号で答えなさい。

ア　原油や石炭などを燃料としている発電であり、現在の発電の中心である。

イ　ウランを燃料とする発電であり、少ない燃料で多くのエネルギーを生みだす。

ウ　風が風車を回す力を利用した発電であり、一定の風量がある地域に適している。

エ　火山によるエネルギーを利用した発電であり、九州地方に発電所が多い。

問７　あなた自身が表中の①～④の機関で働くことになった時、これから取り組むことができることを考え、以下の文章を完成させなさい。なお、［番号］には、あなたが選んだ機関の番号を記入しなさい。

私は［番号］の機関で働くことになれば、［取り組み］をしていきたい。

問9　E県の雨温図を次のア～エから一つ選び、記号で答えなさい。

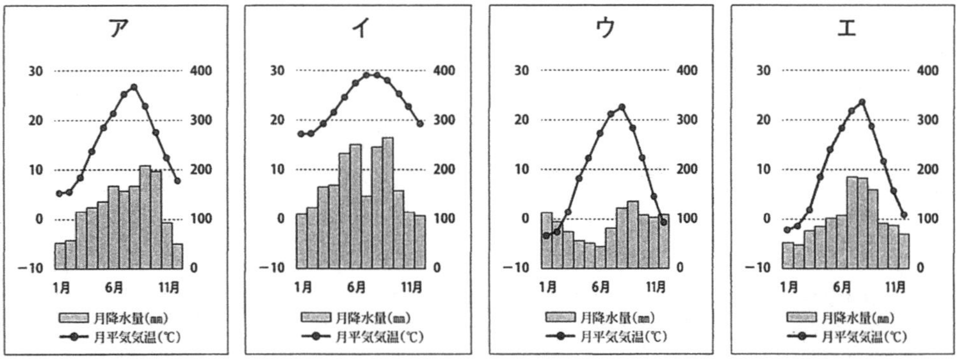

ア	イ	ウ	エ
年平均気温：15.4℃ 年間降水量：1528.8㎜	年平均気温：23.1℃ 年間降水量：2020.8㎜	年平均気温：8.9℃ 年間降水量：1106.5㎜	年平均気温：10.2℃ 年間降水量：1266㎜

（「2019年理科年表」より作成）

2　次の文章は、歴史上の人物について述べたものです。これを読んで、あとの問1から問9に答えなさい。

A　弥生時代

この人物は、邪馬台国の女王としてそれまで続いていた大きな争乱をおさめました。また、魏の皇帝に使いを送り、金印と多数の銅鏡をおくられました。

B　奈良時代

ききんや病気の流行で多くの人が亡くなり、社会に不安が広がりました。そこでこの人物は、その不安を仏教の力でしずめようとして、全国に国分寺などを建てるように命じました。

C　平安時代

約50年にわたり、a摂政や関白として大きな力をほこったこの人物は、京都にある宇治に平等院鳳凰堂を建てました。

D　鎌倉時代

この人物は約5年にわたり繰り広げられた平氏との戦いに勝利し、1192年には征夷大将軍に任命され、鎌倉に幕府を開きました。

E　室町時代

将軍の後継ぎをめぐる応仁の乱の最中に、将軍の職を息子にゆずったこの人物は、b京都の東山に壮大（そうだい）な別荘をつくりました。

F　江戸時代

この人物は、赤字財政を改善するために、新田開発に努め、年貢を増やしました。また、豊作や凶作に関係なく一定期間同じ年貢率にしました。そのため、「米将軍」とも呼ばれます。

G　明治時代

国会議員をつとめたこの人物は産業革命がすすむ中でおこった、日本ではじめての公害といわれる足尾銅山鉱毒事件に苦しむ人々の様子を明治天皇に伝えようとしました。

問1　文章A～Gの中に登場する人物は、だれを指しますか。それぞれの人物の名前を漢字で答えなさい。

問４　Ｂ県の説明文の空らん【　Ｚ　】にあてはまる河川を次の**ア〜エ**から一つ選び、記号で答えなさい。

ア　天竜川　　**イ**　利根川　　**ウ**　淀川　　**エ**　北上川

問５　次の写真のうち、Ｃ県の景色を撮影（さつえい）したものを次の**ア〜エ**から一つ選び、記号で答えなさい。

ア

イ

ウ

エ

問６　下線部**ｂ**について、次のグラフは豚と肉用牛の飼育割合を示しています。グラフ中の記号ア〜ウにはそれぞれ北海道、宮崎県、Ｃ県が入ります。Ｃ県にあてはまるものを、記号で答えなさい。

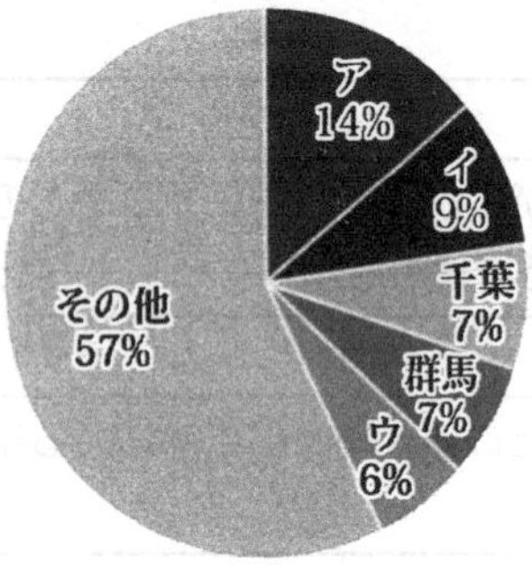

豚の飼育頭数の割合（931.3万頭）

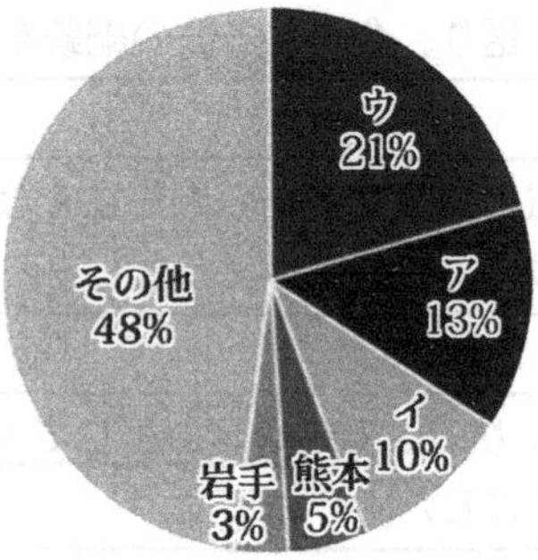

肉用牛の飼育頭数の割合（247.9万頭）

（2017/18年版「日本国勢図会」より作成）

問７　下線部**ｃ**について、この都市をふくむ地図を次の**ア〜エ**から一つ選び、記号で答えなさい。なお、地図上の白い部分は、陸地をあらわしています。

ア

イ

ウ

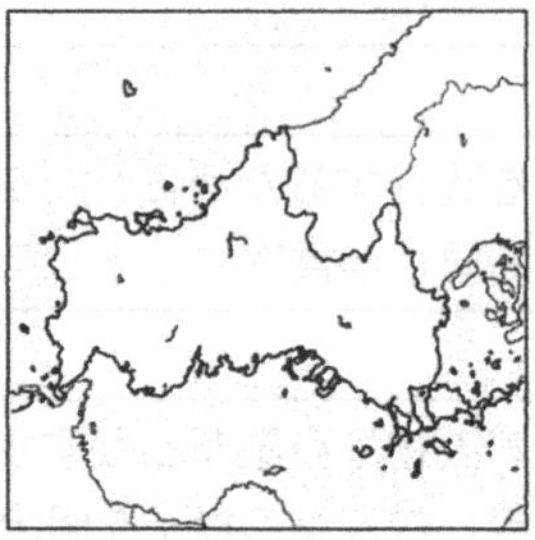

エ

問８　下線部**ｄ**について、ここに見られる狭い湾や入り江が複雑に入り組んだ地形を何といいますか、解答らんに合うように答えなさい。

無事にかまども完成し、夕食の準備が始まりました。シンジ君もがんばって火を起こそうとしますが、なかなかつきません。すると、ヨシお兄さんがアドバイスをしてくれました。「火吹き竹でもっと空気を送り込まないと！」ヨシお兄さんの言う通り空気を送り込むと、勢いよく火が燃え上がりました。

問8　空気を送り込むことで火が勢いよく燃えたのは、空気の中にふくまれる（　A　）という気体のおかげです。また、空気の中には（　B　）という気体が78%くらい含まれています。次の気体のうち、AとBに当てはまる気体をそれぞれ1つずつ答えなさい。

ちっ素	酸素	二酸化炭素	アンモニア	水素

問9　アルコール除菌スプレーを、火のついたかまどの近くで使用するのはとても危険です。その理由を説明しなさい。

おなかがいっぱいになった三人は、夜の散歩に出かけました。すると、大きな木のそばで突然ガサッと音がして、そこには大きなタヌキがいました。「こんな夜中に眠くないのかな。」不思議に思っていたシンジ君に、ヨシお兄さんがそっと教えてくれました。「天敵や直射日光をさけるために、夜に活動する動物もいるんだよ。」お父さんはそんな会話を聞きながらうれしそうに微笑んでいました。

問10　山間部のキャンプ場は谷間にあり、平野部に比べて、夕方暗くなるのが早いです。その理由を説明するのに必要な絵を、下の図に書き入れなさい。また、その図について説明しなさい。

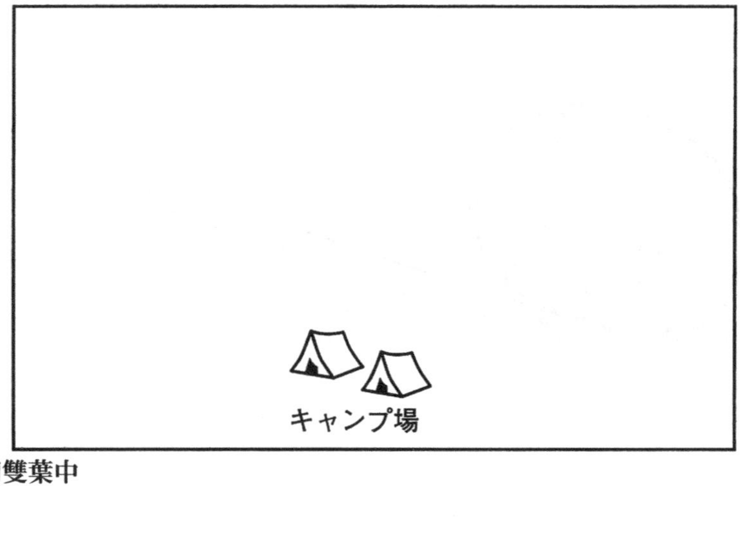

「それにしても今日は暑い日だな。」シンジ君は突然頭がボーっとなり、立っていられなくなりました。「あぶない！」たおれそうになったところをヨシお兄さんが助けてくれました。「これは熱中症だ。シンジ、ちゃんと水分をとっていたのか？」シンジ君は川遊びに夢中になって、まったく水分をとっていなかったことに気がつきました。「服がぬれていても汗はかいているんだ。次からは気をつけるんだぞ。」ヨシお兄さんはやさしく言いました。

問５　熱中症のおそれがあるときは、水分だけでなく、塩分も一緒に補給することが大切です。それはなぜか説明しなさい。

問６　運動をする時に熱中症にならないようにするためには、塩分が0.2％、砂糖が４％ふくまれているスポーツドリンクを少しずつ飲むのがよいとされています。スポーツドリンクが２リットルあるとすると、その中に入っている砂糖は何gになるでしょうか。スポーツドリンク１リットルの重さを１kgとして計算しなさい。

「二人とも、そろそろご飯の準備をしよう。今日の夕食はカレーだよ。」お父さんの声が聞こえてきました。「まずはかまどを作ろう。この大きな石を動かして・・・」てきぱきと作業を進めるお父さんを見て、シンジ君も、今度はヨシお兄さんも一緒に感心しています。「どうだ、すごいだろう。お父さんはソロキャンプだってしたことがあるんだよ。」「あ、それって芸人さんがやっているのをインターネットで見たことある！」二人は興奮しています。

問７　持ちあげることの難しい大きな石を、図のようにてこの原理で動かすことにしました。小さな力で動かすためには、短い棒と長い棒のどちらを用いるのがよいでしょうか。また、図のア〜ウのうち、作用点はどれでしょうか。記号で答えなさい。

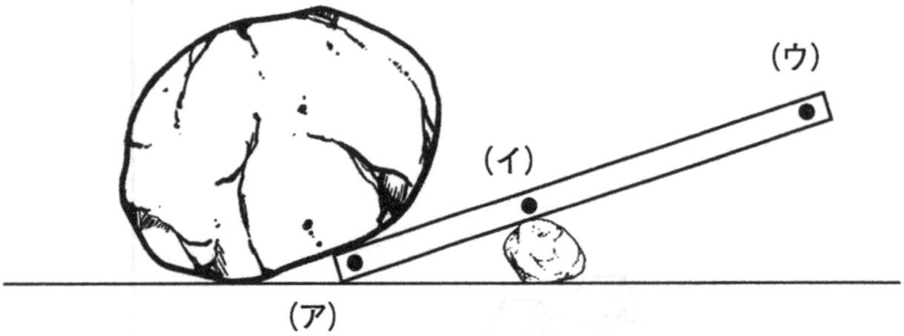

3　1 から 9 までの数字を書いたカードが 1 枚ずつあります。このカードを下の [あ] から [え] の場所に 1 枚ずつおいて，分数のかけ算をします。

$$\frac{\boxed{あ}}{\boxed{い}} \times \frac{\boxed{う}}{\boxed{え}}$$

次の問いに答えなさい。

(1)　かけ算の答えがもっとも大きくなるとき，そのかけ算の答えはいくらですか。また，そのときのカードのおき方は何通りありますか。

(2)　[あ] に 2，[い] に 3 のカードをおいたとき，かけ算の答えを整数にするには，[う] と [え] の場所にどのようなカードをおけばよいですか。すべて答えなさい。

例えば，[う] に 1，[え] に 4 と答える場合は，解答らんに（1，4）と書くこと。

4　次の問いに答えなさい。

(1)　図 1 のように，直方体を太線で囲まれた平面で 2 つの立体に分けました。大きい方の立体の体積を求めなさい。

[図 1]

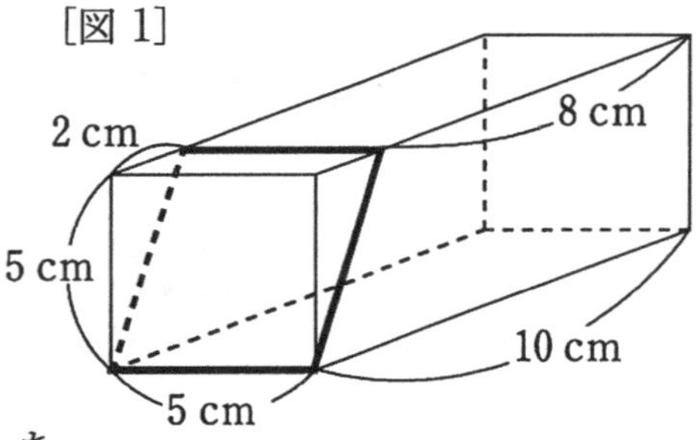

(2)　図 2 のように直方体を組み合わせてつくった立体を，太線で囲まれた平面で 2 つの立体に分けました。大きい方の立体の体積を求めなさい。

[図 2]

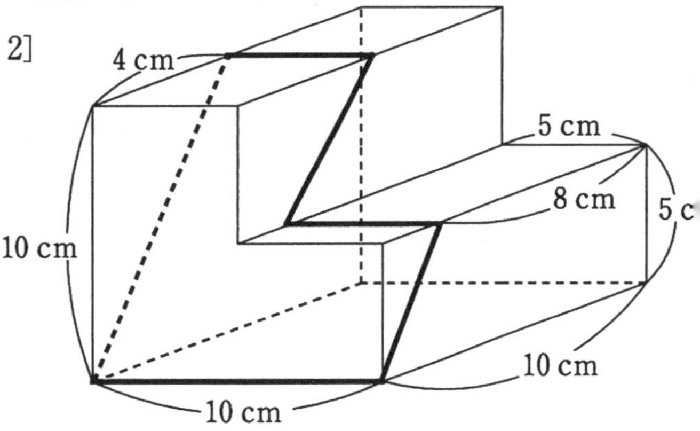

(6)　右の図は，半径 6 cmで中心角 30° のおうぎ形を 3 つつなげています。 の部分の面積を求めなさい。ただし，円周率は 3.14 とします。

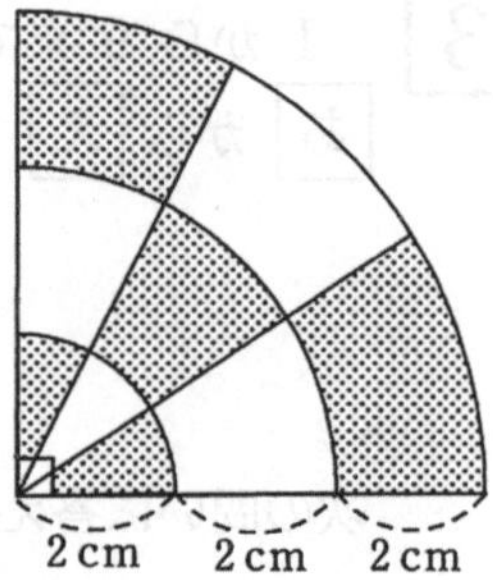

(7)　右の図形のすべての角が直角であるとき，この図形の周りの長さを求めなさい。

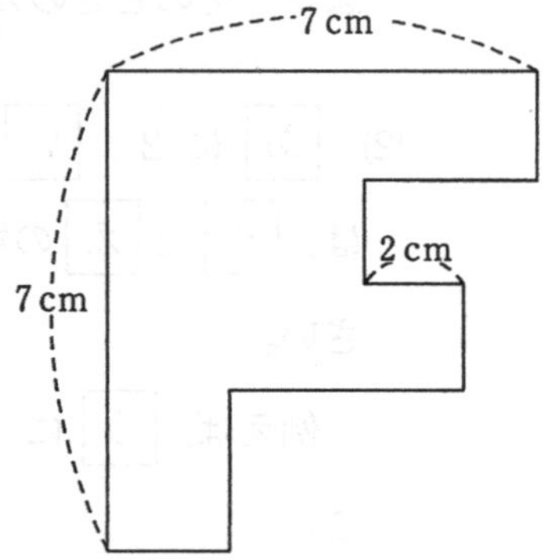

(8)　下の図のように，一番外側の一列を白，それより内側は全部黒となるように，白石と黒石をおいていきます。次の問いに答えなさい。

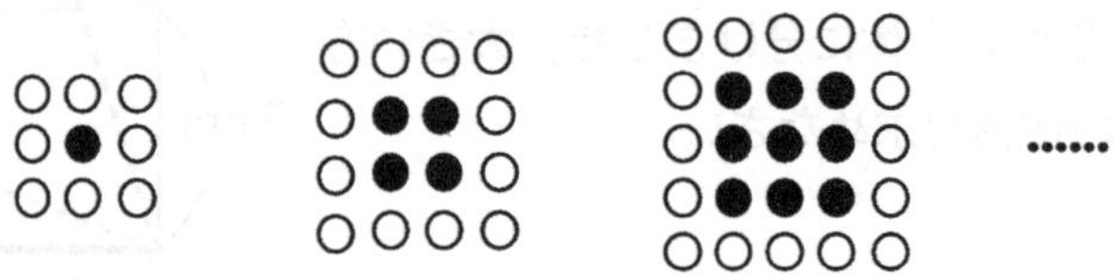

①　白石が 28 個のとき，黒石の個数を求めなさい。

②　黒石が 64 個のとき，白石の個数を求めなさい。